料金受取人払郵便

小石川局
承認

6069

差出有効期間
2023年3月31日
まで(切手不要)

112-8790
088

東京都文京区
小石川 4-4-17

第一公報社 行

TEL 03-6801-5118
FAX 03-6801-5119

送付先に○印を ・自宅 ・学校

〒
所在地

TEL

校 名

芳 名

重版出来 明日を創る学校経営 I II III

I 校長の力は『話す力・聞く力』で決まる 305円	冊
II 校長の力は『書く力』で決まる 305円	冊
III 校長の力は『対応力』で決まる 440円	冊
I II III 各送料150円 【3冊組み】 1,050円 + 送料450円 **1,500円**	組

早稲田大学教職大学院客員教授
開智国際大学教育学部准教授
前全連小機関誌編集委員長
遠藤 真司 著

教育研究シリーズ第59集

自ら未来を拓き[ともに生きる力]を育む学校経営Ⅱ

全国連合小学校長会 編

第一公報社

まえがき

令和二年度、新学習指導要領が全面実施された。学校には、持続可能な社会の創造者を育成するため、「知識及び技能」「思考力・判断力・表現力等」「学びに向かう力や人間性等」といった三つの力をバランスよく育む教育を実現し、「よりよい学校教育を通してよりよい社会を創る」という理念を学校と社会が共有して、その具現化を図っていくことなどが求められている。

しかし、新型コロナウイルス感染拡大に伴い、全国の学校は「臨時休業」という前例のない状況の中で令和二年度をスタートし、未だ収束の見通しは立たず、新しい生活様式による対応が続いている。そうした中、三十五人以下学級、教科担任制が導入に向けて動き出した。その一方で、教員採用試験の倍率低下が著しくなるなど、人材確保・育成は極めて厳しい状況にある。また、学校の働き方改革については具体的な取組が進められつつあるが、勤務状況が大きく改善されたとは言い難い。

そして、令和三年一月、中央教育審議会は「『令和の日本型学校教育』の構築を目指して」

を答申した。学習指導要領の確実な実施、一人一台端末によるＩＣＴ授業改善、学校における働き方改革の推進を進めるとともに、従来の社会構造の中で行われてきた同調圧力からの解放、正解主義からの脱却、二項対立からの離脱といった教育観の転換が求められている。

このような激しい流れの中にある校長は、明確なビジョンを掲げ、学校組織の活性化を図り、創意ある教育課程の編成・実施・評価・改善に努めなければならない。そして、山積する教育課題の解決に力強く立ち向かっていくことが強く求められている。

全国連合小学校長会は、小学校教育の充実・発展を願い、全国の小学校長の学校経営の充実のため、これまで真摯に研究と実践を積み重ねるとともに教育諸条件の整備に努め、成果を挙げてきた。それらを踏まえ、新たな視点からの提言や実践事例の紹介、情報提供を行うために、昭和三十七年度から毎年『教育研究シリーズ』を発刊し、今回で五十九集目を刊行する運びとなった。

一方、全連小は、令和二年度からの研究主題を「自ら未来を拓き　ともに生きる豊かな社会を創る　日本人の育成を目指す小学校教育の推進」とした。変化が激しく未来の予測が困難な時代に向かう中、一人一人が自らの能力や可能性を信じ、学習したことを生活や社会の中で課題解決に生かすことのできる力、また、多様な人々と協働しながら様々な社会変化を乗り越えていく力、さらに新たな変化を創り出す力が求められている。

この研究主題を受け、『教育研究シリーズ』第五十九集は、編集の主題を「自ら未来を拓き

「ともに生きる力」を育む学校経営Ⅱ」とした。学習指導要領の確実な実施が求められる中での様々な課題を予測するとともにその解決を進め、研究主題の具現化を図らなければならない。そのために、研究主題に迫る学校経営への提言及び実践を募り、それらを全国に発信することで、小学校教育の充実、発展に資することをねらいとしている。本書が、全国の小学校長の創意ある学校経営に生かされることを強く期待している。

結びに、本書の刊行に当たり、ご尽力いただいた各都道府県校長会、広報担当者、関係事務局、そして執筆いただいた各小学校長、また、編集・作成に当たった広報部長並びにシリーズ等編集委員会の方々に、心より感謝申し上げる。

令和三年四月

全国連合小学校長会長

喜　名　朝　博

もくじ

第一章　教育施策に即応する学校経営

提　言

実践事例

第二章　活力ある学校づくりを推進する学校経営

提　言

実践事例

第三章　今日的な経営課題に挑む学校経営

提　言

実践事例

序論　自ら未来を拓き「ともに生きる力」を育む学校経営

一　はじめに

令和二年三月から新型コロナウイルス感染症予防に係る学校の臨時休業、その後、四月には全国に及ぶ緊急事態宣言の発令にまで至るとは、多くの人々が想定していなかったことである。突然の臨時休業の実施に、全国の校長先生方が不安や戸惑いを抱えながらも、休業期間中や学校再開後の学びの保障のため、教育課程の見直しや子どもの心のケアなどに最善を尽くしてきた。

そのような中、全国連合小学校長会は研究主題を「自ら未来を拓き ともに生きる豊かな社会を創る 日本人の育成を目指す小学校教育の推進」として二年目となる。

平成二十九年三月に告示された学習指導要領も、二年の移行期間を終え、令和二年四月より全面実施となっている。また、新型コロナウイルス感染症の拡大を契機に、新たな生活様式のもと「ポストコロナの時代」をたくましく生きていく子どもの育成という新たな課題も明らかになったといえよう。

本書に収められた貴重な提言や事例を参考に、全国の校長先生方が、自ら未来を拓き、ともに生きる力をもった子どもの育成のため、創意工夫ある学校経営を推進されることを切望する。

二　学習指導要領が目指す基本理念を踏まえて

ＡＩの進歩、情報化、グローバル化、少子高齢化等の進行をはじめ、今回の新型コロナウイルス感染症の感染拡大による新たな生活様式等により、子どもを取り巻く状況は、複雑かつ多様化してきている。こうした中にあって、学校には持続可能な社会の創造者の育成が求められている。

周知のように、今回の学習指導要領には、初めて「前文」が設けられた。教育基本法第一条に定める、「人格の完成を目指し、平和で民主的な国家及び社会の形成者として必要な資質を備えた心身ともに健康な国民の育成を期す」という教育の目的と、同法第二条に掲げる目標五点（詳細は学習指導要領参照）が示されている。

各学校において、必要な内容をどのように学び、どのような資質・能力を身に付けられるようにするかを教育課程で明確化し、社会との連携や協働により、その実現を図っていくという「社会に開かれた教育課程」が必要である。

また、主体的・対話的で深い学びを通して、特色ある教育活動を展開し、「知識・技能」や「思考力、判断力、表現力等」、「学びに向かう力、人間性等」の育成を図り、生きる力を育むという視野に立った授業改善が求められている。

三　今日的な経営課題に挑む学校の活力

令和三年一月には中央教育審議会から、二〇二〇年代を通じて実現を目指す「令和の日本型学校教育」として答申がまとめられた。

その中では、ＩＣＴの活用も念頭に置いて、一人一人の特性や学習進度に応じた「個別最適な学び」と、学級やグループでの「協働的な学び」が重要であり、それぞれの学びの成果を生かし、還元するなど、一体的に充実し、授業改善につなげていくことが必要であるとされている。

これらを実現し、その実をあげていくための一つの方策として、学校組織の活力が必要不可欠である。

学校組織は、言うまでもなくリーダーは校長である。しかし、そのリーダーが場面によっては入れ替わる時も必要である。教員一人一人が目的意識をもったリーダーとなるような組織の柔軟性も必要ではないだろうか。校長には、今後そのような組織をマネジメントしていく力が、新たに求められるようになるだろう。それが経験の浅い教員の自信や達成感となり、ひいては学校の活力を高めることとなる。また、今後、教員を目指す人々の心に火を灯すことにもつながるものと考える。

イソップの寓話に『三人のレンガ職人』という話がある。三人の職人が、レンガを積んでいた。そこに男が来て、「あなた方は何をしているのか。」と尋ねた。一人目は、「親方の命令でレンガを積んでいる。」と答え、二人目は、「レンガを積んで壁を作っている。大変だが、賃金がいいからやっている。」と答えた。三人目は、「完成まで百年以上かかる教会の大聖堂を造っている。完成すれば、多くの人の拠り所となる……。」と答えた。三人の仕事は同じである。しかし、三人目の職人は、レンガを積む行為の先を見据えて……という目的と意義を明確に自覚している。私たちが携わる「子どもの教育」、ひいては活力ある学校づくりとある意味通じる部分があるだろう。

四　新しい時代を生きる子どもを育成する教員の姿

新型コロナウイルス感染症の感染拡大を契機に、「ＧＩＧＡスクール構想」が強力に推進され、学校のＩＣＴ化が一気に加速している。

ＩＣＴ機器の活用を通して子どもの学ぼうとする心を活性化させ、深い理解に導くことができるのは、生身の教員である。そこに学校教育の大きな価値がある。日々の授業は、パソコンやタブレット端末機器だけではできない。それが「教育は人なり」と言われる所以であり、学校教育の醍醐味であると思う。このような時代だからこそ、教員の持ち味である「人間味」を大切にしたい。

今後、教員にはＩＣＴ機器を使いこなす技術は必須となる。加えて、子どもに寄り添いながら、自ら主体的に考え、共に学び、行動することができ、共に感動する心をもった教員が「ポストコロナ」の時代、改めて求められるであろう。

五　改めて「不易と流行」を基盤に据えた学校経営

これまでの日本の学校教育として積み上げてきた、子どもたちの「知・徳・体」を一体で育む「不易」については、慌て浮足立って変える必要はなく、子どもや地域の実態に応じた実践を積み重ねていく。その上で、今の時代、そしてこれからの時代に求められるもの、即ち「流行」を素早く察知し、把握する。そして学校経営に生かしていくことが望まれる。

パソコンやタブレット端末が、ノートや鉛筆と同じように一つの文房具となる時代が始まりつつある。そのような時代の流れの中で、私たち校長は、大切にしておかなければならないものは、何かを、的確に見極め、情報を収集し、常に自問自答しながら、俊敏に対応することである。

明治五年の学制公布以降の日本の教育の流れ、また、その時々の学習指導要領が出された背景やその内容を改めて振り返り検証する。そうすることにより、新たな事態を目の前にした時や未曽有の危機と直面した時に、校長としての物の見方、考え方の方向性や多様性、深みが増すのではないだろうか。孔子の論語にある「温故知新」は言うまでもなく、このような時代であるからこそ、改めて「不易と流行」を踏まえ、校長自ら学び続ける姿勢を堅持したい。

六　おわりに

今回の学習指導要領のキーワードは、「生きる力　学びのその先へ」である。従前の学習指導要領は、変化に対応する力を「生きる力」としていた。この比較でも分かるように、今回の学習指導要領は、自ら未来を創造する力の育成であり、「社会の変化に対応できる」から、その先を見据え、「変化を創り出すことのできる」子どもの育成を求めている。

平成二十九年からの移行期間は、子どもの大好きなカレー作りでいうと、食材を用意し、洗い、皮をむき、適切な大きさに切って、炒めながら下味をつける時期であったと思う。

全面実施された令和二年度からは、水を入れ、中火でぐつぐつ煮ることにより、材料の旨味が引き出される時である。その中で、時々灰汁を取りながら、数々のスパイスやルーを入れる。そして弱火で、再度煮ていくことにより味が調っていくのである。美味しく食した後には、子どもが「次もこんなカレーを作りたい」、さらに「自ら味を工夫して、もっと美味しい自らのカレーを作ろう」と、その先につながっていく。そんな例えができるのではないだろうか。

校長が自らの使命を自覚し、一人一人の子どもの未来を見据えた取組を進めることこそが、学習指導要領を基にした教育改革を確実に進めることにつながるのである。

今後「令和の日本型学校教育」が、それぞれの学校で確実に構築されていくことを期待する。

全国連合小学校長会副会長
大阪府大阪市立扇町小学校長
稲　森　歳　和

序章　自ら未来を拓き「ともに生きる力」を育む学校経営

提　言

1　自ら未来を拓く日本人を育てる学校経営

――「問う力」を高め自分のよさを伸ばす学校――

愛知県名古屋市立楠《くすのき》小学校長
阿　部　健　一

一　はじめに

子どもたちの未来は、ＡＩ技術の発達により大きく変化する。それが、Society5.0（科学技術イノベーション《改新》が拓く新たな社会像）である。このような新たな時代を豊かに生きる力が、今こそ求められる。

文部科学省は、『Society5.0に向けた人材育成』で、「Society5.0において我々が経験する変化は、これまでの延長線上にない劇的な変化であろうが、その中で人間らしく豊かに生きていくために必要な力は、これまで誰も見たことのない特殊な能力では決してない。むしろ、どのような時代の変化を迎えるとしても、知識・技能、思考力・判断力・表現力をベースとして、言葉や文化、時間や場所を超えながらも自己の主体性を軸にした学びに向かう一人一人の能力や人間性が問われることになる。」として、「我々が目指すべき社会は、経済性や効率性、最適性だけを追求した無機質なものではなく、あくまでも人間を中心として、一人一人が他者との関わりの中で「幸せ」や「豊かさ」を追求

できる社会であるべきであろう。」と提言している。（平成三十年六月五日）

このような提言を受け、近未来は、人間らしさを発揮する時代となる。つまり、人工知能（ＡＩ）、ビッグデータ、Internet of Things（ＩｏＴ）、ロボティクスなどの先端的技術を駆使・活用できる人が求められ、人間にしかない能力を発揮する資質・能力が求められる。よって、人間としての強みを高めることが重要になるだろう。

そのような視点に立ち、校長として本校の子どもに目を向けると、多くの人間としての強みとなる「よさ」に改めて気付くことができる。例えば、素直、明るい、元気、陽気、笑顔、礼儀正しい、子どもらしい、人懐っこい、友達思い、感謝できる、人が好き、優しい、思いやりがある、まじめ、活発などである。実にきりがなく、こうした人間性の豊かさこそ、本校の子どものよさである。そして、このよさを伸ばすことこそが、学校経営の柱だと確信し、必要な力と姿を考えることにした。

校長として、リーダーシップを発揮し、全職員とコミュニケーションを取りながら、子どものよさを再吟味し、それを伸ばすための資質・能力と具体的な姿を明確にする。

二　子どものよさを伸ばす資質・能力と目指す姿について

前述の「Society5.0 に向けた人材育成」では、共通して求められる力として「①文章や情報を正確に読み解き、対話する力、②科学的に思考・吟味し活用する力、③価値を見つけ生み出す感性と力、好奇心・探究力が必要である。」と整理されている。ここでは、対話、活用、感性、好奇心、探究力などのキーワードが目に飛び込んでくるが、本校の子どものよさから、熟思黙想すると「問う力」が浮かび上がった。ここでは、資質・能力をあれもこれもと手を広げずに、「問う力」の一点のみに限定して述べたい。

子ども の「問う力」を高めれば、仲間を求めて対話しようとするだろうし、自分の学びに活用しようとするだろう。また、学んだよさに価値を見出し、もっと学んでみようと好奇心や探究力が増すだろう。常に、自分の学び、生き方を前向きによりよく問い掛ける力「問う力」があれば、子どものよさは、更に強化される。よって、この一点に尽きるのである。そして、この一点突破こそ、全職員が明確にできる「キーワード」や「合言葉」になり、日々の実践に浸透するものと考える。分かりやすさこそ、学校運営で最も重要なキーデバイスではないだろうか。

次に、必要なことは、「問う力」を具現した姿の明確化である。子どものどのような姿をもって「問う力」が高まったのかという具体を示す必要がある。抽象だけでは、職員には伝わらない。学校経営には、具体が必要である。そこで、「問う力」を高めた子どもの姿・目指す姿を「自ら仲間と関わる姿」「自分のよさを伸ばす姿」とした。「問う力」が高まれば、仲間と対話したいという姿が生まれ、多くの関わりの中で自分のよさを再発見でき、それらをもっと伸ばして「幸せ」や「豊かさ」を追求していけるのではないかと考えた。このような自分らしく生きていこうとする姿こそ、本校の子どものよさを伸ばし、自ら未来を拓く姿であると言いたい。次に、本校で行った主な取組を述べる。

1　自ら仲間と関わる姿の取組「なかまなビジョン」

名古屋市では、令和二年度、自らの可能性を最大限に伸ばし、人生をたくましく生きていく子どもの育成を目指して「ナゴヤ・スクール・イノベーション事業」を進めている。この事業では、画一的な一斉授業からの転換を進める授業改善をねらいとした主体的・対話的で深い学びの実現に向けた授業づくり・学校園づくりを推進している。そして、「仲間と学びを深める授業づくり」を授業改善の重点とした「なかまなビジョン」は、本市全職員にリーフレットが配られ、授業改善のビジョンとなっている。

本校では、「問う力」を高めるため、自ら仲間と関わる姿の具現を目指し、全ての授業の「導入」を工夫することにした。これは、「なかまなビジョン」の学習過程における「めあてをつかむ」に当たる。問題意識を生み出す活動を工夫することで、子どもが目を輝かせて、学習に意欲的に取り組み出し、仲間と話し合いたい・学び合いたいという対話的な学びへつなげられるよう、研究を推進することにした。

このような、問いをもたせる導入を工夫した授業実践を、公開授業として全職員が取り組んだ。さらに、下学年（二年生）・上学年（六年生）から代表授業者として二名の職員が全体公開授業を行い、成果と課題を明らかにした。

本校の研究推進委員長を、本市の「画一的な一斉授業からの転換を進める授業改善視察研究員」として、研修に参加させた。和歌山県にある「きのくに子どもの村小学校・中学校」を視察し、「自分の思いを相手に伝えることができる子ども」を育成している研究について全職員に報告させ、研修推進委員長は自ら仲間と関わる姿の実現に向けてリーダーシップを発揮した。

さらに、「なかまなビジョン」実現のためには、校内研修だけでは限界があると感じ、埼玉県から共栄大学准教授の小川拓氏を講師として招き、人間関係を円滑にする学級経営理論と、学力向上に向けた実践研修を行った。このような研修を全校で進めていくことにより、子どもと教師が一体となった授業の質的転換を進めた。

一方で、ソフト面としての学校研究運営だけではなく、ハード面である環境整備（ＩＣＴの活用）を同時に行った。本市の学力向上サポート事業に応募し、二百万円の支援をいただき、八十六インチ（二千九ミリメートル×千二百一ミリメートル）の大型インタラクティブホワイトボードを購入した。それを特別活動室に設置し、「アクティブラーニンググルーム」として環境を整えた。特に、外国語活動を中心とした「なかまなビジョン」の実践で効果が得られた。また、授業のみならず、職員研修や研究会、ＰＴＡ講演会など全教育活動における対話的な学びの場でも活用できるようになった。

2　自分のよさを伸ばす姿の取組「未来志向的道徳授業」

小学校において、平成三十年度から道徳の時間は、特別の教科となった。道徳科授業としての質的転換が問われ、多様な指導方法について提案されている。道徳科授業は、どのような授業方法であっても、よりよく生きるという本質に向かって、未来を拓く時間であることに変わりはない。自分のよさを伸ばす姿は、子ども自身に明るい未来を強く意識し、どのように生きていくのかを前向きに考えさせることで実現できる。

そのような考えに立ち、本校では、教務主任が中心となり「未来志向的道徳授業」を開発し、実践している。

この新しい授業構想は、教務主任が岐阜大学教職大学院に通い、柳沼良太准教授に継続的な指導を受け、全職員に実践を通して伝達している。その大きな特徴として、未来へつなげる生き方をデザインする点が挙げられる。自分の生き方を自分でコーディネートすることは、とても難しい。難しいが、これができなければ、AI時代に自分らしく生きることはできないと予想される。自分はどのような生き方をしたいのか、どのように生きていくのか、これから先の未来を考え、人生を俯瞰する必要がある。具体的には、「自分のよさを生かして、こんな人になりたい。」という夢や希望を強く意識させる必要がある。そのため、授業では、よりよい生き方を考えられる学びを繰り返しながら、未来へつなげる生き方を問い続け、自分のよさを伸ばす姿を目指している。

教務主任がメンターティーチャー（先輩助言者）となり、若手・中堅職員にこのような「未来志向的道徳授業」づくりのサポートやアドバイスをしている。実際に実践した若手職員は、「今までに行ってきた道徳の授業は何だったのだろう。子どもの意見が前向きで、楽しかったです。」と私に話し掛けてきた。この「前向きさ」つまり「未来志向的」な道徳授業は、子どもだけではなく、職員も変えることを実感した。また、道徳の授業に留まらず、他教科や学校行事においても、努力を惜しまず前向きにアイデアを出す職員が増え、子どももそれに応えるかのようにアイデアを出し、活動できるようになってきている。

このように全職員が研修・研鑽を日常的に積み重ね、子ども自身が自分のよさを伸ばす姿を求め続けている。

三　おわりに

主な取組を述べてきたが、重要なことは、子どもの「問う力」を高めることにある。この資質・能力を高めるために、校長のスタンスは、改善点ばかりに目を向けたマイナス発想の学校経営ではなく、本校の子どものよさと職員のよさを把握し、伸ばし生かす、プラス思考の学校経営を進めることが重要ではないだろうか。そのようなスタンスに立つために、日頃から、目指す姿や「問う力」をどのように高めていけるのか、いろいろな場面で全職員や子どもと関わり、話し合うことが必要である。

改めて感じるのは、人との関わりの中で、これまで気付けなかったよさに気付かされるということである。あるいは新たな体験や学びを通して、新しいよさが生まれるということである。このことは、子どもだけではなく、校長も含めた全職員も全く同じであり、ＡＩが発達した未来においても変わることはない。そして、自分自身のよさを発揮していることに気付かされるとき、人は強く幸せを感じる。学校経営で多くの人を幸せにできる校長の一日一日は幸福を感じる日々の連続である。

提言

2　ともに生きる豊かな社会を創る日本人を育てる学校経営

―「つかむ」「つなぐ」『つむぐ』を軸とした学校づくり―

奈良県生駒市立あすか野小学校長

石　村　吉　偉

一　はじめに

我が国は急激な少子高齢化に直面するとともに、科学技術の目覚ましい発展に伴い、ＡＩ（人工知能）、ＩｏＴが開発され、情報化、グローバル化が今後ますます進み、先を見通すことのできない時代となってきている。社会の在り方が劇的に変わるとされるSociety5.0の到来により、今ある仕事の約五割がなくなると予想されている。その中には公務員や銀行員など、以前ではなくなるなど想像もできなかったような仕事も含まれている。一方で、代替の可能性が低い職業には、創造や他の人間との協働や交渉が求められるという特徴がある。また、ＡＩの能力が人間の知能を超えるシンギュラリティ（技術的特異点、ＳＦ的な近未来を指す）が二〇四五年頃と言われ、人生百年時代を生きる子どもたちが、生涯の三分の二以上の時間を未来予測の中で生きていくことになる。

このような時代を生き抜く子どもたちには、知識や技術の修得だけでなく、それらを基盤として他者と協働して新たなモノを創り出すことが求められる。学校における集団を生かした学びは、人間としての強みを発揮するのに不可欠な、他者と協働して知識を生かし、よりよく生きよう、よりよい社会にしようという資質・能力を育む上で、今後ますます重要になってくる。

そして、ＡＩが「解なし」と答えたときにこそ、それらの力を発揮し、思考や対話、協働を通じて新しい解や「納得解」を生み出さねばならず、これが、どんなにＡＩが進化したとしてもＡＩにはできない「人間としての強み」そのものである。まさに、「ともに生きる力」を学校教育段階から育んでいかなければならない。

令和二年度、新型コロナウイルス感染症による臨時休業が全国一斉に要請された。学校が一斉休業になるなど、誰が予想したであろうか。また、未知なるウイルスが人と人とのつながりを希薄にし、人々は見えない敵に対して恐れをなし、見える「人」に対して攻撃を加えてしまうという現実も起こっている。いかに、ウイルスに感染しないか、感染症を広げないか、学者や研究者、文部科学省からの発表など、多くの情報を収集しながら学校現場ではその対策を取っている。今まさに、「正解」のない「納得解」を求めることが、我々教職員に突き付けられているのである。

今回の提言では、学校経営の責任者である我々校長が、このような時代のニーズを踏まえ、十年後、二十年後の未来を生きる子どもたちの姿を見据えて、どのように学校経営を行っていくのか、校長の果たすべき役割と指導性について考えを述べたいと思う。

二　「つかむ」「つなぐ」『つむぐ』

校長の学校経営にあたっては、まずは「つかむ」ことから始まると考える。子どもたちの姿をとらえ、育むべき資質・能力等を「つかむ」、地域・保護者の実態把握、教育資源の在り処を「つかむ」、教職員の個々の力量、労働時間等を「つかむ」。特に、子どもたちの資質・能力や家庭・地域との連携については、新学習指導要領総則に、「教育課程の編成に当たっては、学校教育全体や各教科等における指導を通して育成を目指す資質・能力を踏まえつつ、各学校の教育目標を明確にするとともに、教育課程の編成についての基本的な方針が家庭や地域とも共有されるよう努めるものとする。」一方、「学校がその目的を達成するため、（中略）家庭や地域社会との連携及び協働を深めること。また、高齢者や異年齢の子どもなど、地域における世代を超えた交流の機会を設けること。」とあるように、十分実態把握に努めながら、取組を進めていかなければならない。

1　学校グランドデザインと教育課程

教育現場における新学習指導要領の全面実施に伴う教育活動の充実及び子どもたちが「情報化社会」「多文化共生社会」等といった社会の中で生き抜く力を培うためにも、教育の現場は常に改革が求められている。教育の根幹となる部分については不変ではあるが、子どもたちが社会の中で生き抜く力を育成するための教育目標を設定し、子どもたちが主体的に人との関わりや対話を通して、未知の問題をも解決する思考力や判断力、実践力を身に付けていくための教育課程の実現が重要である。また、社会に開かれた教育課程の実現には、校長は学校経営のビジョンを自分自身の言葉で地域や保護者、協力いただくパートナーの方々に説明することが求められる。

本市小学校長会において、「教育課程を編成するために校長として重要であると考えられることは何か」とアンケートを取ったところ、「児童の実態把握」「教育資源の確保・活用」「チームとしての学校づくり」「学校グランドデザインの作成」が上位を占めた。当たり前のことではあるが、まずは目の前にいる子どもたちの実態把握に努めることである。しかし、「学校教育目標」「目指す子ども像」「学校グランドデザイン」は、例年通りと進められてきたことが多かったのではないだろうか。新学習指導要領が全面実施となり、次の十年を見据えた子どもたちの育成が求められている。

つまり、例年通りではなく、全国学力・学習状況調査、県テストや体力テスト等、様々に実施されている調査等を分析するとともに、学校評価年間計画表に沿って学校評価を実施し、分析することで、児童の「強み」と「弱み」を明らかにしなければならない。また、その他、地域の団体やPTA等から意見を吸い上げたり、SWOT分析（強《S》み、弱《W》み、機会《D》、脅威《T》の四項目での分析）を活用したりするなど、幅広く情報収集しなければならない。幅広く情報収集しなければならない。これらを実施することで、児童に身に付けさせたい資質・能力が明確になり、「学校教育目標」「目指す子ども像」へと反映させることができる。そして、これを出発点として、「学校グランドデザイン」を再構成し、教職員・保護者・地域に広く示すとともに、教育課程を編成していくのである。

学校教育目標を達成するためには、校長が年度当初からこのグランドデザインを教職員に説明し、目指すベクトルを同じにすることで一つになり、学校がチームとして機能していく必要がある。また、保護者や地域にグランドデザインの周知を図ることは、学校・家庭・地域が一体となって教育活動を推進することへとつながる。

2　異校種間連携と地域連携

学校は、地域の中に存在し、そこで育つ子どもたちは、地域からの期待も大きい。また、学校を核とした地域づくりへと「つなぐ」ことも期待されている。地域の中には、保育園・幼稚園、中学校もあり、それとの接続も一つの課題である。

保幼小の連携をみると、幼児期の教育から小学校教育への円滑な接続のため、それぞれの発達段階で身に付けてほしい力を見直し、幼稚園教育要領にある「幼児期の終わりまでに育ってほしい姿」を受けて、小学校への接続がスムーズとなるよう、より質の高い教育を双方とも目指さなければならない。このことは「小一プロブレム」の解消にも「つなぐ」ことができる。しかし、小学校の教育課程、教職員の働き方改革等を考えると、なかなか保幼小接続を推進することは難しい現状がある。そこでイニシアチブをとるのが校長であり、校区内に立地する幼稚園・保育園に働き掛け、接続を進めるのである。ここで行うことは、小学校就学前に培ってきた育ちを伝えたり、交流活動について情報交換を行ったり、指導を一貫したものにできるようカリキュラムを作成したりすることである。具体的には、年度当初に教職員の打ち合わせを行い、接続期の子どもの育ちや生活上の課題について協議し、育てたい姿や付けたい力を共有する。それを基にして、一年生の生活科のカリキュラムと幼稚園・保育園の活動のねらいを照らし合わせながら、活動内容を決定し、保育園・幼稚園と小学校との接続カリキュラムを作成する。毎回、交流学習を行った後に振り返り・協議を実施し、次回の交流について、ねらいと経験させたい内容の共通理解を図る。このようにP・D・C・Aサイクルを重ねることにより、より充実した接続カリキュラムに仕上げていくのである。保幼小の連携は、小学校がイニシアチブを取る方が推進できる。同じように小中の連携は中学校がイニシアチブを取る方が推進できる。

地域との連携・協働をみると、グローバル化や少子高齢化等の急速な社会情勢の変化に伴い、新しい時代の教育や地方創生の実現に向けて、学校と地域の「連携・協働」を一層推進していくことが求められている。学校と地域・保護者が目標を共有し、一体となって地域の子どもたちを育んでいくことは、子どもたちの豊かな育ちを確保するとともに、そこに関わる大人たちの成長も促し、ひいては地域の絆を強め、地域づくりの担い手を育てていくことにも「つなぐ」ことができる。こうした「地域とともにある学校づくり」を充実させ、持続可能なものとするために、学校運営協議会制度（コミュニティ・スクール）や地域学校協働本部を活用した仕組みづくりが必要である。ここで重要となるのは、人選及びビジョンである。校長は、「フットワーク」よく地域を回り、会合に出席し、様々な情報を自分の足で得る。また、自分のもつ「ネットワーク」を駆使し、必要とする情報を収集し、ビジョンを決定する。こうして学校に当事者意識をもって意見を述べる人を決定する。そして、子どもたちに育むべき資質・能力や地域社会の現状を把握して、地域とビジョンを共有する。個々の力には限界があるので、多くの方に関わっていただき「チームワーク」よく推進していかねばならない。

「学校が変われば地域が変わる。地域が変われば子どもが変わる。子どもが変われば未来が変わる。」

我々校長は、地域を知り、地域の「ヒト・コト・モノ」を有機的につなげ、地域と協働して子どもたちの成長を支えていかなければならないのである。

3　働き方改革と人材育成

第九期中央教育審議会では、『新しい時代の教育に向けた持続可能な学校指導・運営体制の構築のための学校における働き方改革に関する総合的な方策について』答申された。この中には、「教師のこれまでの働き方を見直し、教師が（中略）自らの授業を磨くとともに（中略）自らの人間性や創造性を高め、子供たちに対して効果的な教育活動を行うことができるようになる」ことが示されている。これを受け、各教育委員会が勤務時間管理の徹底を行い始め、超過勤務時間の上限を定めるガイドラインを設けるなど、その取組が進められている。学校現場においても、統合型校務支援システム導入により勤務時間管理を徹底する、システムを活用し職員朝礼をなくす、一日の終わりの時間を教職員に意識させ終了時刻を決めるなど、様々な取組を行っている。本校においてもシステム導入等により、平成三十年度と令和元年度を比較すると、教職員全体の一か月当たりの超過勤務平均時間が約十時間以上短縮された。また、令和二年度には、高学年に対する専科教員の加配を受けることにより、高学年の教員の業務負担軽減につながっている。このように、未来を担う子どもたちによりよい教育を行うためには、校長は教職員の勤務状況をしっかり把握し、働き方改革を進めなければならない。文部科学省では、小学校高学年での教科担任制、新型コロナウイルス感染症の影響も受けて全学年での三十五人学級の導入の方針が示されている。きめ細かな指導が必要となる学校現場では、今後、よりマンパワーが必要となるため、文部科学省の動向が注目される。

働き方改革に取り組む一方で、人材育成も進めなければならない。アメリカの心理学者アブラハム・マズローの欲求五段階説によると、その四番目に「承認欲求」がある。他者から認められたい、内的な心を満たしたいという欲求である。教職員には、トップダウンの指示も必要であるが、それだけでは組織として機能しない。個々の教職員やそれぞれの校務分掌で主体的に考え、協働して教育に当たることで、それぞれが有機的に結び付き、チームとしての一体感が生まれる。校長は、サーバント・リーダー（支援型リーダー）となるとともに、学校教育全体をとらえてデザインする。その細部を教職員に任せることによる人材の育成に努めなければならない。これらを成立させるには、二番目の「安全欲求」、つまり、風通しのよい職場づくりを心掛けることも、校長に課された職責の一つである。

三　おわりに

「ともに生きる豊かな社会を創る日本人を育てる学校経営」、そのベースになるのは、子どもの実態を把握すること、保護者・地域を知り協働してもらうこと、教職員のモチベーションを上げ、よりよい教育を担ってもらうことである。そして、それをマネジメントするのが、校長である。アメリカの総合電機メーカーGEの元CEOジャック・ウェルチは、リーダーは四つの「E」をもつ必要があると言っている。①エナジー（リーダー自身が元気であり、仕事を成し遂げる熱意がある）、②エナジャイズ（周囲を元気付ける）、③エッジ（困難な問題にも決断を下す）、④エクシキュート（あきらめずに最後までやり抜く実行力）。我々校長は、自分自身の人間力を磨き、率先垂範で物事に当たるとともに、今回の新型コロナウイルス禍での判断など、今までにない決断をしていかなければならない。今後も、変化する社会、子どもや地域の実態をとらえながら、学校教育活動とつなげ、未来へと「つかむ」「つなぐ」、そして『つむぐ』学校経営を推進し続けていかなければならない。

第一章　教育施策に即応する学校経営

提　言

教育施策に即応する学校経営

――ＩＣＴ化を踏まえた教育の転換と学校・家庭・地域の連携の重要性――

山口県下関市立豊北《ほうほく》小学校長

静　間　　均

一　はじめに

正解のない時代、納得解を求める力の重要性が言われるようになって久しい今、教育のシステムの転換の必要性を強く感じる。そして、ようやくＧＩＧＡスクール構想（一人一台学習用端末活用の一人一人に向き合う教育）も現実のものとしてハード（一人一台）の準備が進みつつある。この時代に、私たち教職員が、旧態依然の教育を展開していてよいはずはなく、未来を生きる子どもたちの健やかな成長を目指して、我々自身が成長をしていかなければならない。

私は現在、校長として二校目の学校経営を行っているが、以下の四点の重要性を感じ、その歩みを一歩ずつ進めている。その四点は、「ＩＣＴを活用することによる教育の転換」「小中一貫教育の推進」「コミュニティ・スクールの仕組みの積極的な活用」「人材育成の充実」である。この四点について思いを述べる。

二　ＩＣＴを活用することによる教育の転換

ＧＩＧＡスクール構想の実現に向けて、本市も令和二年度中に、一～六学年の全児童に一人一台ずつタブレットが市教育委員会から提供されることとなった。遅くとも令和三年度開始までには配付される見通しである。そのような中で、教職員が授業で活用する準備ができているかといえば、決してそのような現状ではないのが実情である。現在の本校の状況は、教職員がタブレットを利用し、フリー素材（静止画　動画）を探し、大型モニターに映し出して説明するか、児童のノートをカメラで撮影し、大型画面で映し出すといった程度である。デジタル教科書にいたっては教員用として外国語科のみ利用しているといった状況である。このような状況の中、全児童にタブレットがいきわたったとき、全ての教職員が適切に活用できるか、はなはだ不安である。しかしながら、不安だから活用は後回しというわけにはいかない。待ったなしの状況なのである。

このような状況であっても、（あるからこそ）校長として、新しい授業形態を教職員に提案しなければならないのではないか。

タブレットが児童に付与されることによって、確認・検証するべきことがある。それは、現在の学習指導要領の内容で「知識として身に付けなければならないものは何か」「経験として蓄積していく程度のものでよいものか」この区別を改めて見極め直すことである。

極端な例として、タブレットに向かって「七×六は？」と語り掛けるだけで答えが表示される時代に、「九九」は暗記しなくてはならないものか、計算の構造を理解することで十分なのではないか。「珠算」では、昔、習得までを目指していた時代があったのに対して、現在は計算の仕組みを理解する程度で、珠算の習得までは求めていない。覚える時間を軽減し、多くの情報を取捨選択して、仲間と納得解を導き出す。その経験を多く積ませ、「主体的、対話的で深い学び」を成立させていく必要がある。

また、「ノートをとる」ということも必要なのか。画像を映してストックしていけば事足りる。大切なのは自分にとって必要な情報かどうか判別する力や、よりよい整理方法を見つけ出す力を付けることなのではないか。さらに言えば「漢字」は書ける必要があるのか。音声入力の時代であるならば、正しい漢字を選択できるようになれば十分なのではないか。それよりも一つ一つ漢字のもつ意味をしっかり理解し、正しい選択ができるようにすることが大切なのではないか。

学習指導要領を逸脱するわけにはいかないが、振り子の針を一度大きく振ってみて、教育の本質を見極め直す時代が来ているように感じている。

三　小中一貫教育の推進

私は、前任校で、小中一貫教育校の立ち上げを経験をした。中学校の校長として着任、二年目は小学生が中学校に移ってきて、小中併設校として過ごし、三年目に施設一体型の小中一貫教育校としてスタートした。小中一貫教育のメリット・デメリットは様々なところで語られているが、私の実体験を振り返ると、メリットの方が圧倒的に大きかったように感じている。小中九年間の生活経験を通して、人としての優しさや憧れを育む機会は、数段増えるように感じる。中学二・三年生が小学一・二年生と関わることは、中学生の大人としての意識を高めることに大変有効であり、小学生は中学生を間近に見ることにより将来の目標が明確なイメージとして抱けるのである。また、中学校の教員が小学校の授業を担当することにより、より質の高い授業の提供ができるようになった。単に、中学校教員が専門性の高い授業を児童に提供できるようになったということだけではなく、中学校教員は、教材研究を通してより系統性を意識した中学校の授業づくりを行うようになった。その授業を小学校の教員が参観することにより専門性を高められた。小中一貫教育は、教職員の資質向上に大変有効であることを実感した。

現在、私が着任した小学校も教育委員会の方針として、四年後に施設一体型の小中一貫教育校とする計画がある。その計画に伴い、以下のような実践を行っている。

①　小中合同の学校運営協議会で協議し、小中共通の学校教育目標を設定する。
②　九年間を発達段階に合わせて前期、中期、後期に分け、目標とする児童生徒の姿に近づけるための指導内容・方法を明確にする。
③　学習規律・生活規律を統一する。
④　五・六年生は可能な限り教科担任制を取り入れる。
⑤　六年生が、年六回、中学校で生活することで、中学校での生活イメージを明確にし、安心して入学できるようにする。

これらの取組は小中一貫教育校でなくとも小中連携の強化のために大変大切である。これからの学校教育は小中連携の強化、もっと言えば幼小中高の連携の強化を図り、よりよい教育の提供が求められている。このような取組が全ての学校で実践されていくようになる必要があるのではないだろうか。

本校での小中一貫教育の歩みはまだ始まったばかりである。今後、地域・保護者・児童に私自身が経験してきた小中一貫教育の魅力を伝え、小中一貫教育校としての歩みを着実に進めていきたいと考えている。

今後の具体的な取組の提案については、次の「コミュニティ・スクールの仕組みの積極的な活用」の項で併せて述べる。

四　コミュニティ・スクールの仕組みの積極的な活用

第一項で、ＩＣＴを積極的に活用することで教育の本質を見極め直すことが必要だと述べたが、日々の小学校の教育活動において、体験活動は、豊かな創造性を育む上で大変重要である。これはバーチャル（仮想）に頼ってはいけない。そして、その内容の充実のために、コミュニティ・スクールの仕組みを利用することが大変有効である。コミュニティ・スクールの目的には、「学校運営」「学校支援」「地域貢献」の三つがあるが、私は、「学校支援」、その中でも学校教育の充実がコミュニティ・スクールの目的の一丁目一番地だと考える。

教職員だけで学校教育を行う時代が去った今、よりよい授業づくりのために地域の人材をしっかり活用し、多くの方と関わり、様々な体験をしながら学習を進め、学習とともにコミュニケーション力も高める、そんな教育を展開していくことが大事である。

本校は、令和二年度、町内の四小学校が統合し、豊北町内唯一の小学校としてスタートを切った学校である。全てがゼロからのスタートである。このことをチャンスととらえ、地域連携カリキュラムの作成を進めている。地域連携カリキュラムの形には様々なものがあるが、作って終わりではなく多くの教職員に継続的に活用されるものでなければ意味がない。また、作成に膨大な労力が必要なものでもいけない。私の考える地域連携カリキュラムは、それぞれの教科・領域の年間計画の中に、その単元で活用できる人材の団体名、氏名、連絡先、簡単な実践内容を記載したものである。本校では、本年度から地域人材を活用するたびに年間計画に記録していくように指示をしている。このことにより、継続性と発展性が担保できる。未来を担う子どもの大切な資質である「コミュニケーション能力」の育成のためにコミュニティ・スクールの仕組みを積極的に活用していきたい。

さて、ここで、小中連携と地域連携、さらにＩＣＴの活用、全てを活用した教育の展開についての考えを述べてみたい。それは、中学、高校までの十二年間の学びを通した、総合的な学習の時間のカリキュラムづくりである。テーマは「自立した学校づくり」、サブテーマは「学校・地域の元気づくり」。柱は二本で一言で言うと、次のようになる。

○小学校で作った作物を中学高校と連携し、付加価値を生み出し、利益を得る。

○地域学習の成果を全世界に発信し、移住促進の一役を担う。

まずは、第一の柱についてであるが、小学校には、米づくり、芋作り、野菜作りなど、様々な栽培活動を体験する教育課程が存在する。これまでは、できた作物については、自分たちで調理して食べて残りは持ち帰る。または、学習発表会の時にバザーで販売する程度であった。これを時代に合った教育活動にしていきたい。小学生が作った作物を中学生がジャムなどの加工品にする。高校生はネット販売のサイトを作成し、販売する。公教育の場で実際の利益を生み出すことは難しいので、地元の「まちづくり協議会」に協力してもらい、口座を開設、収益を上げる。付加価値を付けて高く売るにはどうしたらよいかを考え、それを　年次をまたいで継続実践する。今の時代は、ネットを使えば簡単に販売ができる環境にある。豊北町は本州の西の端にある小さな町であるが、工夫すればしっかり収入が得られ、自然豊かなこの町で幸せに生活できる。そんな実感をつかませることにもつながる。そして、このことが、地域の活性化、元気づくりにもつながる。

次に第二の柱についてである。どこの学校でも「ふるさと学習」のように、地域の魅力を調べる「調べ学習」を実施していることと思う。この調べたことについての発表の場であるが、これまでは、教室や廊下の掲示板や、よくて学習発表会で発表といった程度の実践が多かった。これを今の時代に合った取組に代えてみてはどうだろうか。調べた内容は、動画に編集させ、動画サイトにアップする。再生回数を評価の一部とする。このようにすれば子どもたちは、どのようにすればたくさんの人に見てもらえる作品ができるか、一生懸命になって考える。そしてこれが今の時代の仕事にもなることを学ぶだろう。実際には、地域にいるコンピュータ操作に堪能な方に、サイト作りの手法やルールについて指導を仰ぐことになる。教職員にノウハウがなくても、地域には様々な分野の専門家があふれている。この方々との交流を通して、豊北町を一緒に盛り上げていく、そんな気運を高めたい。

魅力あふれる豊北町が全国の人の目に触れたとき、移住してみようかという人が出るかもしれない。一人でも出れば大成功である。子どもたちにも大きな充実感　達成感が湧き起こり、地域を大切にする心が育まれる。

これからの教育は学校の枠にとらわれていてはいけない。社会と簡単につながれるツールは身の回りにあふれている。これを活用しない手はない。時代に即した教育というのはこういうことではないだろうか。

これからこの思いを、教職員、保護者、地域へ伝え、実際の取組へと一歩ずつ進めていきたい。

五　人材育成の充実

人材育成にあたっては、教職員が共に学びやすい環境づくりが大切であると考える。小学校の教職員は、現在でも自分だけで課題や事案を処理しようとする教員が少なくない。管理職はチームで子どもを育てる意識を高めるようにしっかりと働き掛け、組織的に解決したその経験を通してノウハウが継承されていくように努めなくてはならない。

本校では、年度当初に「エースと四番ばかりでは組織として力が出ない。一番バッター、八番バッター、コーチも必要」という話をしている。様々な持ち味を結集することで組織としての力は倍増し、よりよい教育を提供することができる。また、その得意分野や専門分野を同僚に周知することは、全職員の資質向上につながる。人材育成の要は、組織を意識して力を発揮することである。組織の中で自分の持ち味を十分発揮し、その姿を見合うことが、お互いの能力を高めることにつながるのである。

もう一つ、人材育成で大切にしたいことがある。それは、「私たちは未来を担う人材を育てているのだ」という自覚を高めることである。多くの教職員が教科指導力の向上に注力しており、その先にあるどのような社会人を育てたいのかというところに思いが及んでいない。子どもたち一人一人の未来を夢見ながら日々の指導が行える、そのような教職員を育てていくことが管理職の責務であり、試されるマネジメント力と言えるだろう。

六　おわりに

今　教育のICT化が急速に進もうとしている。この中で、これからの教育で残さねばならないもの（実体験の場）と、改革できるもの（教育の手法）の見極めをしっかり行い、教職員へ改革を促していく、そのマネジメント力が校長には求められている。しかし、その見極めも校長一人でできるわけもなく、何もかもが、「納得解」を導き出す手法で進めていかねばならない時代である。

キーワードは、「協働」と「チーム豊北」である。

今の時代の教育は学校だけで背負えるものではない。学校間の連携（小中一貫教育の推進）、学校・家庭・地域の連携（コミュニティ・スクールの活用）、この両輪をバランスよく動かし、子どもたちにより質の高い教育を提供することが大切である。そのマネジメント力を発揮して職責を果たすことが私たち管理職には求められている。

おわりに、管理職たる校長が一番わくわくして教育に邁進する姿を見せることこそが、教職員や子ども、家庭・地域を明るくすることにつながると感じている。今後もそんな校長であり続けるよう努力していきたい。

実践事例

1　夢と志をもち、可能性に挑戦するために必要となる力を育成する学校経営

たての接続とよこの連携により自立を支える小中一貫教育

静岡県静岡市立賤機北《しずはたきた》小学校長
髙山　ひさ乃

〈本校の概要〉

本校は、静岡市の中心地から安倍川に沿って十七キロメートル《キロメートル》ほど北上した中山間地に位置し、創立百四十六年目を迎える。児童数十六名、完全複式三学級の小規模校で、教職員数は十三名である。

学校教育目標は、令和元年度から「夢・挑戦・自立」とし、進学先である中学校と統一している。静岡市は令和四年度から「静岡型小中一貫教育」を全面実施する。これに先立って、本校が属する賤機《しずはた》中学校区内の五校では令和元年度から学校教育目標を「夢・挑戦・自立」に統一し、中学校卒業時の姿を共有した教育実践を行っている。

一　はじめに

静岡市が取り組む「静岡型小中一貫教育」とは、小学校と中学校の「たての接続」と、学校と地域社会との「よこの連携」を重視し、「小学校と中学校が地域社会とともに目指す子ども像を共有し、九年間を通じた教育課程を編成して、各学校の教職員と地域社会がともに手を取り合い系統的な学びを目指す教育」である。

本校は、一中四小からなる賤機中学校グループに属している。学校規模はグループ内では一番小さく、中学校における本校卒業生の割合は五％に満たない。中学進学後、他校からの生徒に気後れし、自分のよさや自分らしさを発揮できないのではと、保護者や地域の間には心配の声も聞かれる。少子高齢化の進む地域でもあるため、学校が地域の核を担っているという面もあるが、逆に、地域の力があるからこそ学校教育活動が成り立っているという面も多々ある。「よこの連携」は以前にも増して

強くなっている。「賤機の子を賤機で育て、将来地域の一員として力となってほしい」という願いと期待は強い。

小学校と中学校の「たての接続」においては、中学校卒業時の生徒の姿をグループ校で設定しイメージを共有している。その上で、どのような取組をしていけばよいか部会を立ち上げ、具体的な手だてを検討している。四小学校での共通実践も設定した。合同行事や交流事業を設定し、中一ギャップをできるだけ小さくする手だても教育課程に組み入れた。夢に向かって挑戦し、自立に向かう力を育む学校経営・教育活動を、小中一貫教育の視点から紹介する。

二　賤機中学校グループ型キャリア教育

学校教育目標「夢・挑戦・自立」達成のための軸となる教育活動をキャリア教育とし、五校での共通実践として取り組んでいる。ここでいうキャリア教育とは、勤労観や職業観の育成に止まらず、全ての教育活動において、なりたい自分（目標・めあて）を意識しながら、自分が自分として生きるために「夢」を抱き、ひたむきに「挑戦」し「自立」に向かう姿を育成するものである。

身に付けたい力は「人間関係・社会形成能力（多様な他者の考えや立場を理解し、自分の考えを伝え、他者と協力・協働して取り組む力）」「自己理解・自己管理能力（自分の可能性を肯定的に理解し、今後の成長のために進んで学ぼうとする力）」「課題対応能力（様々な課題を発見・分析し、適切な計画を立て、その課題を処理し解決しようとする力）」「キャリアプランニング能力（多様な情報を取捨選択・活用しながら、主体的に判断してキャリアを形成していく力）」の四つである。いずれも、基礎的かつ汎用的な能力として自立を支える大切な力であると考える。

1　キャリアパスポートの活用

これらの力を育成するためのツールとしてキャリアパスポートを活用する。キャリアパスポートというと、一般的にはキャリア教育に関わる活動について学びのプロセスを記述し振り返ることができるポートフォリオ的教材を言うが、賤機中学校グループ型キャリア教育においては、特別活動の記録に止まらず、教育課程全体を通して「考え、記録し、実践し、振り返る」というＰ・Ｄ・

賤機中学校区小中一貫グループ校グランドデザイン

静岡市の目指す子どもの姿　「たくましく　しなやかな　子どもたち」
賤機中学校区小中一貫教育グループ校グランドデザイン
学校教育目標　「夢・挑戦・自立」
2020 年度
重点目標　＜賤機中学校＞　かかわろう　つたえよう　共に成長しよう
＜賤機南小学校＞　やりぬく子・きれいな学校　＜賤機中小学校＞　挑戦　～私のプラス1 プロジェクト～
＜賤機北小学校＞　つながろう　自信を持とう　＜松野小学校＞なりたい自分を目指して挑戦する子
【目標達成のための軸となる活動】賤中グループ型　キャリア教育
勤労観・職業観の育成に止まらず、すべての教育活動において、「なりたい自分（目標・めあて）」を意識しながら、自分が自分として生きるために、「夢を抱き」、「前向きに挑戦し」、「自立に向かう」姿を目指す。
【つけたい力】基礎的・汎用的能力
人間関係・社会形成能力
多様な他者の考えや立場を理解し、自分の考えを伝え、他者と協力・協働して取り組む力
自己理解・自己管理能力
自分の可能性を肯定的に理解し、今後の成長のために進んで学ぼうとする力
課題対応能力
様々な課題を発見・分析し、適切な計画を立て、その課題を処理し解決しようとする力
キャリアプランニング能力
多様な情報を取捨選択・活用しながら主体的に判断してキャリアを形成していく力
【手立て】「PDCA サイクルの活用」
すべての教育活動をPDCA サイクルの視点で捉え、主体的で継続的に取り組む子どもを育成する。
夢やなりたい自分をイメージし、その実現に向けた計画を立てる。
P
D
立てた夢（目標）に向かってあきらめずに取りくむ。
A
C
手段や考えを
何度でも
挑戦していく。
失敗を受け入れたり、他者の意見を取り入れたりして、修正・評価を行う。
【ツール】「キャリア　パスポート」
「なりたい自分」を自ら設定することで主体的に学びに向かう力を育てる。他の意見を受け入れながら、自己評価を行ない、友だちとの関わりの中で学習活動を深めていき、自己のキャリア形成に生かす。
自己評価
活動推進
推進・評価組織
説明・承認
意見・評価
【学校】
幹事会（各校長）
役員会（代表校長、各校教頭、各校主幹・教務、その他）
推進委員会（役員会、各部会張）
各部会（①研修・学習指導・英語力、②総合・しずおか学、③道徳、④生徒指導・生活指導・特別支援教育、⑤特別活動、⑥行事・教育課程編成）
【学校・地域・保護者】
小中一貫教育準備委員会（各校の校長・教頭、小学校区自治会長、PTA 会長、学校評議員等）
※今後移行予定
小中一貫学校運営協議会
各校支援部会
各校支援部会

C・A（計画・実行・評価・改善）の視点で自己の学びをとらえ、主体的で継続的に取り組む子どもを育成するためのツールとして位置付けている。

まずは、「未来に向けた夢」（なりたい自分の姿・目標・その実現に向けた計画）を設定する。今の自分と正面から向き合い、自己評価し目標を設定することで、主体的に学びに向かう姿勢を作り、挑戦（行動・実践）を始めるのである。途中、他者の意見・助言を受け入れるなど仲間との関わりを交えながら、ステージ（四半期）ごとにスモールステップで自己評価を行い、挑戦の仕方を修正したり目標を再設定したりしながら学びを深め、自分の成長を実感し、一年間の歩みや育ちを振り返ることを通して新たな目標の設定に進むのである。このように、キャリアパスポートに九年間の学びや自己実現の足跡を記録・蓄積していくことで、「夢を抱き挑戦し続ける」ことを積み重ね、生涯にわたって学び続ける意欲の基盤を作り、社会人（社会に貢献できる人）として自立していく人材を育成している。

2　夢を追う人生の先輩に学ぶキャリア教育の推進

小学生の人格形成において、大人の果たす役割は非常に大きい。小学生にとって身近な大人はかなり限定されるため、教育活動において多様な価値観をもった大人との出会いの場を意図的に設定していく必要がある。学校教育目標である「夢・挑戦・自立」とキャリア教育ともリンクさせ、総合的な学習の時間として学びの場を組み入れることにした。

学校単独ではなく、賤機中学校グループ内の四つの小学校合同の授業として実施した。ここには、四校の小学六年生が同じ学びを経験し中学校に進学することで、中学校でのキャリア教育を始める際に、共通の土俵に立った上で始められるという利点がある。

四校合同キャリア教育は「なりたい自分探し」という単元でゲスト講師を招いて話を聞く場とした。公務員、看護師、中古車販売員、イベント企画スタッフなど、様々な業種の方に参加していただき、職業の話に止まらず、人生を変えた出会いや将来の目標など、夢の実現を果たした人、夢に向かって今なお突き進んでいる人から様々な角度から人生を振り返って話をしていただいた。

地域にも、魅力的な経験のある先輩（卒業生）がいる。

地域人材の活用は、キャリア教育においても有効な材の一つである。なぜ地域の産業である茶の生産をやめブルーベリー農家になったのか、なぜ人権啓発についての取組に関わるようになったのかなど、挫折や困難を乗り越え今活躍している方の話を聞く機会も設定した。

子どもたちにとって「知っている人」であっても、その方の人生の一端に触れる機会は少ない。興味津々で夢中になって話を聞き、メモを取っていた。自分の心に刺さる言葉を見つけることができた児童もいた。貴重なお話を聞くことを通して、職業観はもちろんであるが、ものの見方・考え方、ひいては生き方に触れることで「なりたい自分探し」の大きな参考とすることができた場になった。これらのキャリア教育での学びも、キャリアパスポートに綴っている。

３　道徳教育の推進

学校教育目標「夢・挑戦・自立」の具現に関わる内容項目である「個性の伸長＝児童生徒が自分らしい生活や生き方について考えを深めていくために、自分のよさを生かし更にそれを伸ばし、自分らしさを発揮しながら調和のとれた自己を形成していく」と「希望と勇気・努力と強い意志＝児童生徒が、より高い目標を立てたり、その実現を目指して自分としての夢や希望を掲げたりして、勇気をもって困難や失敗を乗り越え、努力することができるようにする」を重点項目として道徳教育を推進している。

道徳の実践は、賎機中学校グループで統一した取組の一つでもある。子どもたちのキャリア形成の基礎となる心情を醸成し姿勢づくりの一助になると考え、道徳主任を中心に道徳教育を推進していくことにした。

まず、各学年の内容項目に該当する教材やその他関連教材を一覧表に整理するための指導計画表を作成した。そこに、静岡市教育委員会作成の「学ー《まなー》ＢＯＯＫ《ブック》」（小学五年生から中学三年生までの五年間をかけて、ルールやマナーなどについて考え実践し、人間性を高めていくためのテキスト）との関連教材についても併記し、教科書と合わせて活用しながら各校での共通した取組として九年間の系統性を意識した学びの蓄積ができるようにした。

授業実践については各学級担任に任せることになるが、授業案やワークシートについては校務支援システムを活用し、共通フォルダに蓄積してグループ校の教員なら誰でも閲覧可能な状態にした。

また、グループ校での共通実践であるため、保護者にもこの取組について、理解を得ていく必要があると考えた。小中一貫教育の具体的な取組として、どの学校でも同じ実践をしていることの周知と、子どもたちの学びを共有し家庭と学校とが一緒になってキャリア形成に関わっていくという「よこの連携」を強め、学区全体で「夢・挑戦・自立」を目指すということが浸透できると考えたからである。

手だてとして、特別感を強調するために内容項目に関連する授業で使うワークシートは色上質紙やカラー印刷で作成し、保護者のコメント欄を設け、子どもが書いた授業後の振り返りを受けて感想や意見を記入してもらった。それは子どもを認め励ます言葉であったり、自分の経験から、自分がどう対応し乗り越えてきたか子どもにとって将来の指針となる言葉であったりと様々である。ワークシートをきっかけに、親子あるいは三世代で、授業でどのような意見が出されたのかを再度振り返ったり、生き方について語り合ったりする家庭も出てきている。

大人からの承認や価値観の共有は、子どもの人格形成にとって大切な役割を果たすものである。学校側の意図を『おたより』（小中一貫教育だより）や保護者会で丁寧に説明し、十分に汲み取っていただくことで、予想以上の手応えを得ることができた。子どもたちからも「宝物」として大切にしたいという声が聞かれた。これらのワークシートもキャリアパスポートに綴り、道徳の学びの足跡として蓄積している。

三　おわりに

令和元年度の赴任以来、令和四年度の小中一貫教育完全実施に向けステップを踏みながら進んできたが、令和二年度は、臨時休業に伴う教育課程の見直しにより、合同行事や交流活動を中止せざるを得なくなった。しかし、子どもたちの夢に向かって挑戦する姿勢は歩みを止めてはいけない。たての接続とよこの連携を大切にしながら、一人一人の自立へ向かう力を育てる教育活動をリードしていきたい。

2　社会の持続的な発展を牽引するための多様な力を育成する学校経営

感染症対策を今後の教育活動に生かす

香川県高松市立仏生山《ぶっしょうざん》小学校長
高　橋　和　巳

〈本校の概要〉

本校は高松市南部に位置する全校児童五百四十四名の中規模校である。教育目標『豊かな心をもち、自ら考え実行し、たくましく生きる子どもを育てる』のもと、香川県学校給食部会研究指定校（平成二十七年度）など、多方面にわたる総合的な研究活動に取り組んできている。

地域住民の教育に対する関心は高く、高松型コミュニティ・スクールの取組等の活動が受け継がれている。

令和二年度より、これまでの教育実践を基盤に、感染症対策への取組を発展させ、ＳＤＧｓに関する学びや活動を取り入れた実践研究の取組が始まっている。

一　はじめに

令和二年は、世界規模で感染症拡大が起こった年である。新型コロナウイルス感染症は、瞬く間に全世界に広がり、令和二年夏に予定されていた東京オリンピック・パラリンピックの延期をはじめ、あらゆる社会活動や経済活動に大変な影響を及ぼし、これまで当たり前と考えられていた日常生活でさえ思うように送れなくなるような緊急事態となった。そして、経済活動をはじめ、あらゆる活動を制限してでも、感染症対策を最優先に取り組まざるを得ない生活が始まった。

香川県高松市南部に位置する本校も、当然その渦中に巻き込まれることになり、令和元年度は日本全国の学校同様『臨時休業』のまま終了することになった。

令和二年度は、当初の予定通り四月六日にスタートさせることはできたものの、始業式開始後わずか二日後の四月八日に、再び四月末までの臨時休業が高松市教育委員会より決定された。幸い新入児童の入学式は規模を縮小して実施することができた。しかし、一年生は入学式後、わずか一日登校したのみで、その後二回に及ぶ臨時休業期間の延長により、六月八日の学校再開までの長い約二か月間を各家庭で自粛生活を送ることを余儀なくされた。

こうした状況の中、本校では子どもたちが未来に対し希望を抱き、コロナ禍の中で力強く学びを継続させていけるよう、教育課程の見直しはもちろんのこと、学校経営方針全般の見直しを図り、社会の持続的な発展を牽引するための多様な力を育成し、次代を担う活力ある子どもを育成するための学校経営に取り組んでいる。

二 コロナ禍における学校経営を充実させるための戦略『SDGs《エスディージーズ》』

1 「感染症対策は世界とつながる取組」という意識をもつ

子どもたちにとって、学校の臨時休業はまさにトップダウンであった。全ての子どもが、その目的や意味を十分理解できないまま、否応なしに、長い自粛生活に入ってしまったことは否めない。

学校の臨時休業が始まった後、そのような状態の子どもたちに対し、各方面より子どもたちを励ますメッセージが発せられた。令和二年四月二十日の四国新聞には、iPS細胞の研究でノーベル賞を受賞した京都大学の山中伸弥教授からの「小中学生が頑張ることが、日本を守る手助けともなるのです」というメッセージが掲載された。

本校では、そのことをより具体的に、前向きに子どもたちに理解させるために、二〇一五年に国連が採択した『SDGs（Sustainable Development Goals：持続可能な開発目標）』を学校経営とつないで取り組もうと考えた。感染症対策に取り組むコロナ禍の中での生活が、トップダウンによる自粛生活を強いるだけでなく、子どもたちが『自分事』として自ら考え取り組み、世界の人々と協力し、よりよい未来をつくる担い手となる活動につなげていけることを目指したのである。

2 これまでの教育活動とSDGsをつなぐ

本校ではこれまでも、生活科や『ちきり学習（総合的な学習の時間）』の中で、SDGsの理念とつながる環境教育や国際理解教育などの教育活動に取り組んで成果を上げてきている。また、地域の人材や文化施設などの教育資源を生かした地域学習にも長年取り組み、『高松秋の祭り～高松お成街道仏生山大名行列～』に子どもが参加し情報発信やボランティア活動に取り組むなど、地域の一員として貢献する活動も長年受け継がれてきている。

しかし、月日の流れや教育課題の変遷に伴い、それぞれの活動が単独の取組としてのみ残り、ねらいや意義が、子どもたちや教職員の中で上手く引き継がれず『活動ありき』の状態になりつつあった。

それらの活動理念をつなぎ、単発の行事として終わらせるのではなく、その目的や成果を本校の学校教育の中で有機的につないでいく学校経営の柱となるのがＳＤＧｓの取組である。

コロナ禍の今年、ただでさえ授業時間の回復のために、行事の見直しや七時間授業、また、夏季休業の大幅な短縮などで、教育課程が過密状態になり、子どもたちや教職員の負担感が増した。そこに、ＳＤＧｓという新たな取組が加わったのでは、働き方改革の時代とも逆行し、とても教職員に受け入れられるものではない。

本校のＳＤＧｓは、あくまでもこれまであった教育活動や、本校に脈々と受け継がれてきた教育活動を有機的につなぐための理念である。感染症対策に取り組む「学校の『新しい生活様式』」を世界の人々とつなげ、未来への財産となる取組へと価値付け高めるために取り入れるものである。導入に当たっては、その目的を教職員でしっかり確認し、カリキュラム・マネジメントに取りかかった。

三　経営戦略に基づく具体的な取組

1　子どもの成長を願う三つの柱「命を守る」「学び・受け継ぐ」「役立つ」

私が校長として四月に着任し、まず取り組んだことは、目指す児童像の見直しである。本校では、目指す児童像を知徳体の視点から、『よく考える子（知）・やさしい子（徳）・たくましい子（体）』を掲げ、学校運営が展開されてきていた。知徳体の三つの視点も、目指す児童像も、これまで長らく受け継がれてきていた。しかし、子どもたちや教職員の間に十分浸透し、目指す児童像の実現に向かって学校経営がなされ日々の実践が積み上げられてきていたかと問われれば、必ずしもそうでないことが分かってきた。

そこで、SDGsを学校経営の拠り所として掲げる上で、子どもたちにとっても、教職員にとっても目に触れる機会の多い、目指す児童像をより時代に応じたものに見直すことにした。常に子どもたちと教職員が具体的な姿をイメージでき、協働しながら目指すべき姿に迫っていけるように見直した。学校経営を進めていく上で大変重要なことであると考え、『やさしい子・よく考える子・たくましい子』の言葉に続き、子どもたちがイメージしやすい言葉を付け加え、学校経営計画の中に位置付けた。

それが、「命を守る（徳）・学び 受け継ぐ（知）・役立つ（体）」の三つである。

(1)「命を守る」（徳：やさしい子）

コロナ禍の令和二年、感染症対策は最重要課題であり、臨時休業明けの学校再開の際には、各種通達をもとに各校でマニュアル作りや日々の点検等々、その対策に力を注ぐこととなった。毎朝の検温や手洗いマスクの着用、三密（密閉・密集・密接）を防ぐことなど、新しい生活様式は、ともすれば子どもたちに、不自由や我慢を否応なく強いることになりがちであった。

そこで本校では、これまで目指す児童像に掲げていた「やさしい子」を『命を守る』というキーワードで言い換え、感染症対策に取り組むことは、自分の命を守ることと合わせて周りの身近な人の命を守るための優しさであり、ひいては、世界の人の命を守ることにつながるという価値の再構築を行った。

また、感染拡大に対する不安から生じる差別やいじめ等も含め、これまで取り組んできた人権教育や日常的な仲間づくりのための挨拶運動なども、『命を守る』というキーワードにつなげて取り組んでいくよう実践化を図った。

(2)「学び・受け継ぐ」（知：よく考える子）

高松市内の小中学校では、臨時休業中に高松市教育委員会が主催で国立感染症対策室とつないでのオンライン研修会が実施された。その冒頭で、「まだ治療法や予防法が十分に確立されていない現在、まず、この病気について『知ること』が大きな感染症対策である」と強調された。これこそ、子どもたちに伝えるべき大切なことであると強く思った。

そこで、目指す児童像の「よく考える子」を『学び受け継ぐ』というキーワードに言い換えた。新型コロナウイルス感染症について正しく知ること、さらに日々の授業を通して正しい知識を学び、それを受け継いで未来につなげていくことが、学校での学びの目的であるということを共通理解し、学ぶことに対する価値の再構築を図った。

感染症対策に取り組む上で、正しい知識をもつこと、つまり『知る』ということは、感染症を克服し人間が社会生活を継続させていく上で、大きな『武器』になる。持続可能な社会を形成していく担い手として『知る』ことは、暗記的な状態から実務的な意味理解へ、要素的な状態から相互に関連付け、全体として統合されたものへと質を高めていくことにつながる。そのような知識が、現実社会の問題解決に生きて働く力となる。

コロナ禍の中で感染症対策に取り組むことが、たくさんの情報をつなぎ合わせながら、よりよい現実的な対応を模索する取組である。感染症対策を継続して取り組むこと自体が『主体的・対話的で深い学び』であり、生きて働く知識を育む過程であると考えた。

(3)　「役立つ」(体：たくましい子)

本校は長年、『ボランティアの学校』として、全校児童でボランティア活動に取り組んできた。校内では、始業前の時間を利用した清掃活動や動植物の世話、また、上級生による低学年児童の支援ボランティアなど、子どもたちによる自主的な活動が実施され、受け継がれてきた。

校外では、学校の南側に隣接した仏生山公園で毎年秋に開催される、『高松秋の祭り～高松お成街道仏生山大名行列～』に学校を挙げて参加し、五年生が会場整備のボランティア活動に取り組んできている。また、六年生はちきり学習（総合的な学習の時間）で学んだ仏生山地域のよさや文化施設の紹介、また、地域住民の街づくりに対する思いなどを来場者に紹介し、広く仏生山の街をPRするボランティア活動に取り組んできた。

これまで本校では、「知・徳・体」の『体』にあたる『たくましい子』の目指す姿には、文字どおり身体活動や体力の基盤になる健康・安全・食育を取り上げてきていた。コロナ禍の今年、山中教授の言葉にもあったように、「小中学生の頑張りが、世の中を救う手助けになる」という視点から、ボランティア活動など周りのために役立つためには『たくましい心と身体が必要である』として、価値の再構築を図った。

以上のように、目指す児童像に新たなキーワードを加え、ＳＤＧｓの視点で教育課程全体を再構築する拠り所として、全校児童と教職員の取組をスタートさせた。

２　子どもの成長を願う六つの取組をＳＤＧｓの十七の目標とつなぐ

高松市の公立小中学校では、『子どもの成長を願う六つの取り組み』を設定し、全市をあげて取り組んでいる。本年度よりＳＤＧｓの取組をスタートさせた本校では、その最初の切り口として、既に定着している『子どもの成長を願う六つの取組』と、ＳＤＧｓの掲げる十七の目標をつなぐことから始めていった。

(1)　マイ・ランチの日（自分で弁当づくり）

高学年を中心に臨時休業期間の昼食づくりを呼びかけ、『マイ・ランチの日』の取組の継続を図った。この取組は、ＳＤＧｓ「目標二：飢餓を０に」「目標十二：つくる責任・つかう責任」とつなげ、本年度の年間計画に位置付けた。

(2)　マイ・スタディ（個別の補充学習の時間）

臨時休業期間に子どもが家庭で取り組んだ自主学習ノートを紹介する場を設け、友達のよさから学ぶ場を確保した。この取組は、「ＳＤＧｓ目標四：質の高い教育をみんなに」とつなげ、本年度の『マイ・スタディ』に位置付けた。

(3)　スマイルあいさつ運動（保護者・地域の方と共に挨拶）

コロナ禍の令和二年は、学校単独で継続した。ＳＤＧｓ「目標十一：住み続けられるまちづくりを」「目標十七：パートナーシップで目標を達成しよう」とつなげ、伝統を受け継ぎ継続できるようにした。

(4)　「強めよう絆」月間（いじめのない学校づくり）

コロナ禍において、感染症対策とともに問題となったのが、『コロナ差別』である。これは、本校が長年取り組んできた『いじめのない学校づくり』と深く関係する問題であり、今年だからこそ深く学べる内容である。十一月の『絆月間』では、ＳＤＧｓ「目標五：ジェンダー平等を実現しよう」「目標十：人や国の不平等をなくそう」「目標十六：平和と公正をすべての人に」とつなげ、学校をあげて取り組み、人権集会（校内ＴＶ放送）で各学年が発表し、学び合う機会とした。

(5)　寛学（菊池寛の作品に親しみ、その生き方に学ぶと共に、高い志をもつ学習）

郷土の先人『菊池寛』の功績や生き方から学ぶ学習である。従来の学習に加え、菊池寛自身が感染症を恐れた事実を取り上げ、感染症対策は古くからある人類とウイルスとの長い戦いであることを学ぶようにした。この取組は、ＳＤＧｓ「目標四：質の高い教育をみんなに」「目標十一：住み続けられるまちづくりを」とつなげ、教育課程に位置付けた。

(6)　掃除教育「ぴかぴかデー」

令和二年度六月より、本校トイレの洋式化改修工事が始まり、十一月下旬より、新しいトイレが部分使用できるようになった。コロナ禍の令和二年にトイレが新しく改修されたことは、大変意義深い。今年ほど、清潔で安全な暮らしが大切であると意識できることはなかった。この素晴らしい施設を、これからも受け継ぎ、未来に残していこうと、児童会が中心となって『トイレ使用開始式』を行った。その後、感染症対策と関連させ、「トイレは学びの場」を合言葉に、全校生で命を守るための清掃活動に発展させていった。この活動は、ＳＤＧｓ「目標三：すべての人に健康と福祉を」「目標六：安全な水とトイレを世界中に」「目標十一：住み続けられるまちづくり」とつなげ、年間計画に位置付けた。

四　おわりに

コロナ禍の令和二年、高松市は市制施行百三十周年を迎えた。この市制施行百三十周年を記念する記念動画に、本校児童会が『故郷仏生山と将来の夢』をテーマに応募し、出演五校に選出され、学校の取組を大変立派に発表した。今後も地域と学校が一体となり、次代を担う子どもたちを支援していきたい。

3　生涯学び、活躍できる環境を整える学校経営

人生百年時代を、豊かに生き抜く力を育てる学校経営

愛媛県今治市立鳥生《とりう》小学校長
赤　宗　和　照

〈本校の概要〉

　本校は、四国と本州を結ぶ「しまなみ海道」が通る今治市の郊外に位置し、学区には、住宅地や商業施設、レンコン田などの農地が混在している。児童数四百六十二名（十八学級）の中規模校で、学校の教育目標は、「なかよく　かしこく　たくましい児童の育成」である。

　これまで、科学が好きな子どもを育てる理科教育や学区特産の鳥生レンコンの栽培体験など、自然や地域に学ぶ学習を展開してきた。こうした体験的な学習を通して、新しい時代に必要となる資質・能力の育成を図り、「生きる力の基礎力」を育てる教育の具現化を目指している。

一　はじめに

　我が国を含めた世界の情勢は激変し、高度情報化やこれに伴うグローバル化の進展、ＡＩの飛躍的な進化などにより、未来の予測が非常に難しい時代に突入している。こうした中で、平成三十年六月十五日に「第三期教育振興基本計画（平成三十〜三十四年度）」が閣議決定され、「今後の教育政策に関する基本的な方針」の第三に、「生涯学び、活躍できる環境を整える」が掲げられた。その背景には、前述の社会の大転換に加え、人生百年時代を迎えようとしている我が国において、全ての人が生涯にわたって自ら学び、自己の能力を高め、働いたり、地域や社会の課題解決のために活動したりすることができるようにしていくことの必要性の高まりがある。

　未来の担い手となる子どもたちが、人生百年時代を豊かに生き、生涯学び、活躍していくためには、彼らに真の意味での「生きる力」を育む必要がある。そこで本稿では、これを具現化するための学校経営の在り方を、「学びの基礎力の育成」と「子どもたちの活躍を支え、後押

する教育環境の整備・充実」という二つの視点から述べたい。

ただし、自身は今年度（令和二年度）本校に着任したばかりであること、加えて、新型コロナウイルス感染症蔓延による長期の臨時休業により、四月と五月の授業日数は合計十四日間しかなかったこと等の理由により、以下に述べる内容は、第二学期（九月一日スタート）以降に実践する予定のものも含めていることを付記しておきたい。

二　学びの基礎力の育成

1　コロナ禍における学力保障

(1)　臨時休業時の取組――「臨時休業中の日課表」の作成・運用（資料1）

児童の学習習慣の崩れ（→学力低下）と生活の乱れ（→体と心の健康低下）を防ぐために、「臨時休業中の日課表」を学年ごとに作成・配付するよう本校教職員（以下「スタッフ」と表現）に指示した。具体的な指示は以下四点。

①臨時休業期間中の平日（休日は各家庭に任せる）は、チャイムの鳴らない自宅にいても、学校と同じ学びと生活のリズムで過ごすことができるようにする。

②午前中四コマを「課題学習タイム」とし、この時間帯の学習課題の具体が、個々の児童に分かるようにする。そうすることで、カリキュラムに沿った自宅学習をさせ、臨時休業中も基礎学力の維持・定着が図れるようにする。

③授業時間の合間（二コマ目と三コマ目の間）に、二十分間の「軽い運動タイム」を設定し、運動技能や体力、健康の維持、心身のストレスの軽減を図る。その際、「軽い運動のパターン例」を児童に示す（資料2）。

④午後は全学年「自主学習タイム」を一時間設定する。学年ごとに自主学習の具体例も示すことで、各自の進度・理解度・習熟度等に応じた学習をさせ、主体的な学習態度の育成など、学びの基礎力の育成を図る。

「臨時休業中の日課表」を作成・配付する意図やねらい、日課表の見方・使い方等については、発達段階に応じた児童への説明はもとより、保護者にも説明文書を配

資料１　臨時休業中の日課表（保護者説明用文書の一部）

Ⅱ　学習について

１　臨時休業中の日課表

※　休業中ではありますが、本来は授業を受けている期間ですので、平日の午前中は、基本的には学校と同じ流れ（下表参照）で学習させたいと考えます。具体的なポイントやねらいは下記のとおりです。大切なのは、基本的な生活リズムを崩さないこと・維持することです。各御家庭の協力やバックアップなくしては、達成できません。本当に大変だとは思いますが、どうか下のような「臨時休業中の日課表」にしたがって、お子さんが生活・学習ができますように言葉掛け等をお願いします。

①　午前中の４コマは「課題学習タイム」として、学級担任が示した課題に取り組ませます。

②　4/20（月）～24（金）を

★本文書をＨＰにアップしました4/17（金）午前の段階では、家庭訪問をして、この日課表や学習プリント類を配付する予定でしたが、4/20（月）が登校日になりましたので、家庭訪問は中止し、4/20（月）に配付することにしました。

③　２コマと３コマの間に「軽い運動タイム」を設定しています。健康・体力の維持や気分転換、ストレス軽減等をねらっています。運動の具体例は鳥生小HPにて紹介したいと考えています。HPのチェックや、お子さんへの励ましの声掛け等をお願いします。

④　午後は、60分間の「自主学習タイム」を設定しています。HP等を通じて、各学年部から自主学習例を児童に紹介しようと思います。インターネット学習「みんなの学習クラブ」も効果的に活用してほしいと思います。

臨時休業中の日課表　鳥生小○年

★ これは基本的な生活パターン案です。御家庭の事情等に合わせて、変更等してくださって構いません。

時刻	20（月）	21（火）	22（水）	23（木）	24（金）
8:00	起床・洗顔・着替え				
8:00〜8:30	朝食・歯みがき→学習の準備				
8:30〜9:15	算	算	1	1	1
9:15〜9:25	休けい				
9:25〜10:10	国	理	2	2	2
10:10〜10:30	軽い運動タイム	軽い運動タイム	軽い運動タイム	軽い運動タイム	軽い運動タイム
10:30〜11:15	社	国	3	3	3
11:15〜11:25	休けい				
11:25〜12:10	図	英	4	4	4
12:10〜13:30	昼食・自由時間				
13:30〜14:30	自主学習タイム（読書・みんなの学習クラブ・作品作りなど自分で考えてね！）				
14:30〜21:00	14：30以降のすごし方は各御家庭で御相談ください。 ※ はすっ子のみなさんは、ゲームやインターネット、スマホなどをし過ぎないように！				
21:00	就　寝				

課題学習タイム

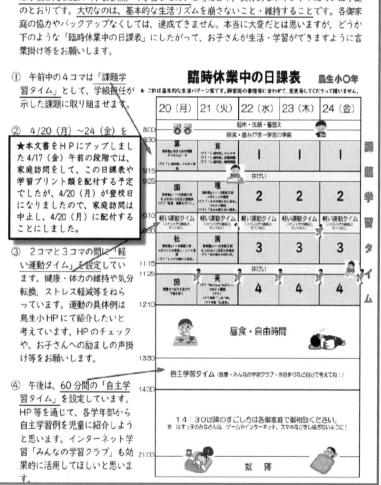

付したり、学校ＨＰを介して効果的な活用依頼をしたりした。これにより、保護者の理解と協力の下で、基礎的な学力の保障や心身の健康の保持を図ることができた。

(2)　学校再開後の取組――七時間授業の実施

臨時休業による大幅な学習の遅れに加え、コロナ第二波、台風や大雨などの非常変災、インフルエンザの流行

等による更なる臨時休業を想定し、六月一日〜十月末の予定で七時間授業を実施することにした。七時間授業の実施に当たっては、以下三点に留意・配慮してカリキュラム・マネジメントを行うようスタッフに指示した。

①七時間授業の日課表を組む際は、次の三点に配慮する。

◆家庭に混乱を招かないよう、下校時刻の変更を避ける。
◆児童にとって、学習時間と同じく大切な休み時間を可能な限り削らない。
◆理科や家庭科、図画工作科等の二時間続きの授業を、午前と午後に分断しない。

②前学年の未指導分の学習内容を指導する。

③「鳥生小・新型コロナウイルス感染防止対策ガイドライン」に則り、万全の感染防止対策を講じた授業を計画・展開するとともに、学校の新しい生活様式の確立を見通した授業改善に組織的に取り組む。ただし、感染防止対

資料２　軽い運動パターン例

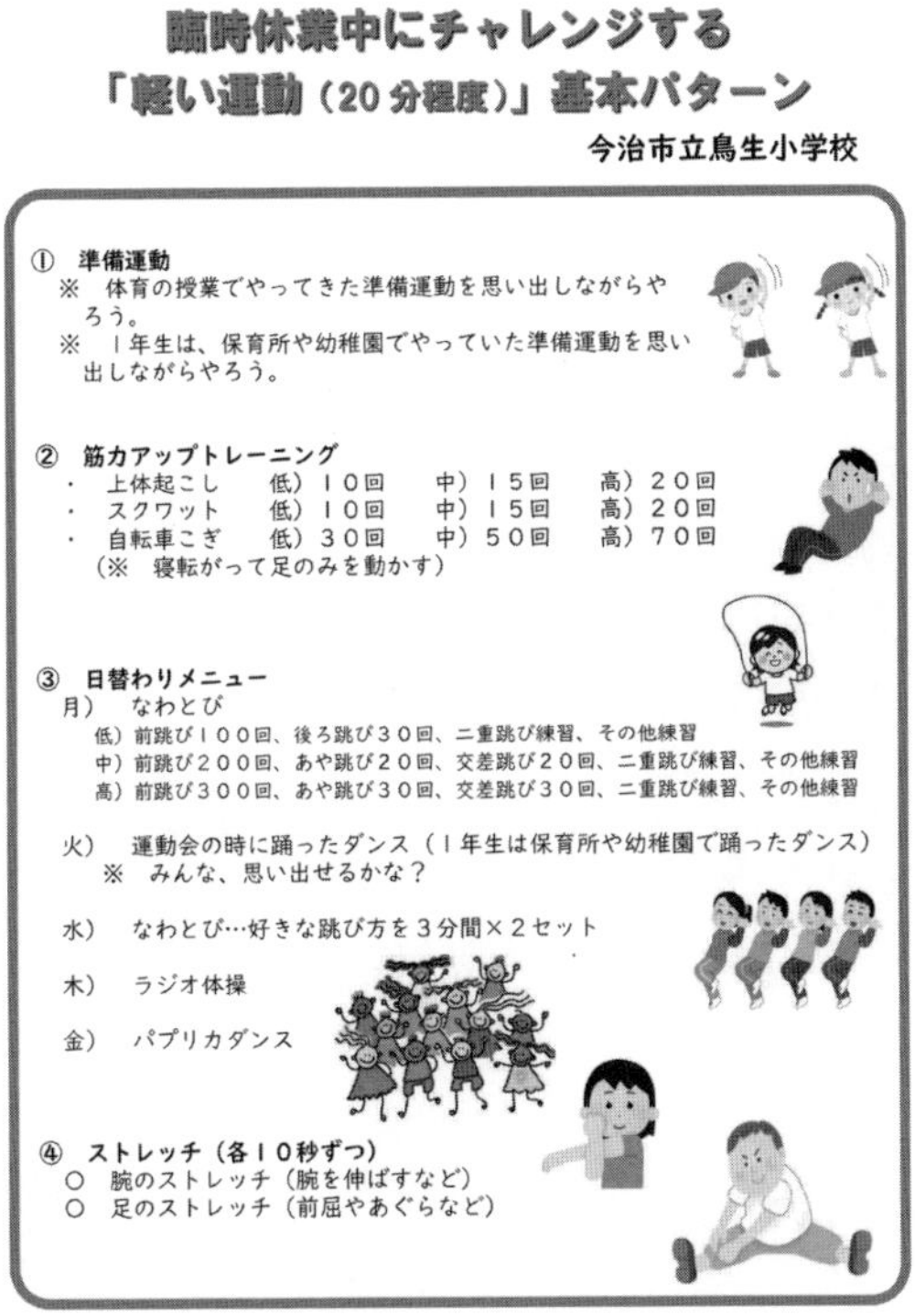

臨時休業中にチャレンジする
「軽い運動（20分程度）」基本パターン
今治市立鳥生小学校

① 準備運動
※　体育の授業でやってきた準備運動を思い出しながらやろう。
※　１年生は、保育所や幼稚園でやっていた準備運動を思い出しながらやろう。

② 筋力アップトレーニング
・　上体起こし　低）１０回　中）１５回　高）２０回
・　スクワット　低）１０回　中）１５回　高）２０回
・　自転車こぎ　低）３０回　中）５０回　高）７０回
（※　寝転がって足のみを動かす）

③ 日替わりメニュー
月）　なわとび
低）前跳び１００回、後ろ跳び３０回、二重跳び練習、その他練習
中）前跳び２００回、あや跳び２０回、交差跳び２０回、二重跳び練習、その他練習
高）前跳び３００回、あや跳び３０回、交差跳び３０回、二重跳び練習、その他練習

火）　運動会の時に踊ったダンス（１年生は保育所や幼稚園で踊ったダンス）
※　みんな、思い出せるかな？

水）　なわとび…好きな跳び方を３分間×２セット

木）　ラジオ体操

金）　パプリカダンス

④ ストレッチ（各１０秒ずつ）
○　腕のストレッチ（腕を伸ばすなど）
○　足のストレッチ（前屈やあぐらなど）

策を講じても、なお、感染の可能性が高い学習活動については、当面はこれを行わず、単元を入れ替えるなど、各教科等のカリキュラムのチェックと再編成を行う。

①については、第一校時を「0《ゼロ》時間目」として「プラス一コマ」の授業時間とし、各教科等の学習の遅れを取り戻す時間にするとともに、午前中に五時間の授業をするなど、教務主任のアイデアと工夫によりクリアした。

これにより、②を「0時間目」に集中して行うこともできた。

屋外での歌唱指導

③については、例えば、課題となっていた音楽科の歌唱指導の是非について、音楽主任が中心となって検討を重ね、「子どもたちに思いきり歌わせてやりたい。」というスタッフの総意により、晴天時は、屋外で十分な間隔を空けて歌唱指導をすることにした。フィジカルディスタンス（物理的距離）を保てるように、立ち位置の目印ポイントを、中庭や小運動場に打ち込んだ。

資料3　耳と目と心で聴く

聴《き》く
①耳《みみ》できく
（やっていることをストップして）
②目《め》できく
（おへそをむけてアイコンタクト）
③心《こころ》できく
（はなし手（て）の心（こころ）によりそって、うなずきながら）

２　「耳と目と心で聴く」児童の育成

私は、児童が能動的な学びを積み重ねる中で、「知識・技能」「思考力・判断力・表現力等」「学びに向かう力・人間性等」を身に付け、豊かな人生を築いていくためには、「耳と目と心で聴く」態度・習慣を、児童に身に付けさせることが必要不可欠であると考えている。

そこで、資料３を自作し、全スタッフに自身の思いを伝え、合意形成を図るとともに、全校指導体制を整えた。その上で、五月校長講話（放送）で、前述の思いと願いを児童に語り掛けるとともに、保護者には、学校ＨＰを通して理解と協力を仰いだ。（※詳細については鳥生小ＨＰ「令和二年六月五日・七日のブログ」参照。）

三　子どもたちの活躍を支え、後押しする教育環境の整備・充実

１　学習環境と学習活動のユニバーサルデザイン（ＵＤ）化

「特別な指導や支援を必要としている児童だけでなく、全ての児童の幅広い興味・関心や学力等にきめ細かく対応し、多様な学びを保障するユニバーサルデザインの授業」を創造・展開することで、児童が自分らしく、生き生きと活躍できる学校づくりを目指している。そのために、資料４の二つのステージを構想し、両ステージをスパイラルに展開することで、前述の学校像に迫っているところである。

校長が描く構想を具現化するためには、プランの立案・展開の諸局面におけるキーパーソン（ミドルリーダー）の働きが必要不可欠となる。そこで、本構想具現化のミドルリーダーを、教務主任、研修主任と位置

資料４　鳥生小ユニバーサルデザイン化構想図

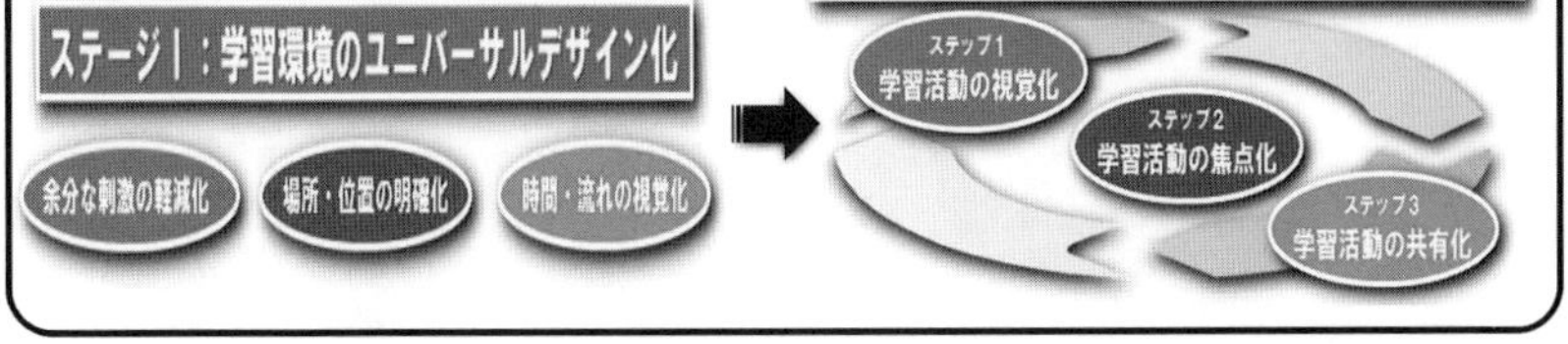

付け、以下のような視点からリーダーシップを発揮するよう働き掛け、組織的に目的を達成していくためのマネジメントを、教頭と連携しながら行っている。

① 教務主任に対して
　児童の変容をスモールステップで見取っていくための形成的評価の在り方や、多様な立場・視点から本プランの成果と課題を評価・分析していくための学校評価の在り方について検討・改善する。
② 研修主任に対して
　愛媛大学や発達支援センター等の関係機関から特別支援教育のスペシャリストを招聘し、「ステージⅡ　学習活動のユニバーサルデザイン化（視覚化・焦点化・共有化）」の在り方について、専門的な立場から指導・助言していただく場や機会を設定する。

「ステージⅠ」については、資料5のようなチェック表を作成し、全校体制で組織的に取り組んできたことにより、着実に成果が上がっている。

一方、「ステージⅡ」については、項目「二」に付記した事情もあり、二学期から本格的に取り組む予定である。新型コロナウイルス感染症の感染拡大状況を鑑みながら、ミドルリーダーを核として研究・実践を深め、児童の可能性とチャンスの最大化を図ることで、児童の活躍の機会と場を広げていきたい。

2 『ヒヤリ・ハット報告書』と『キラリ・ホット報告書』の導入と活用

「ハインリッヒの法則」を教訓・戒めとして、『ヒヤリ・ハット報告書』を導入している。報告書の内容は、「①重要度、②報告者、③日時、④場所、⑤対象分類（児童・保護者・教職員・地域・施設等）、⑥内容分類（けが・いじめ・問題行動・給食事故・不適切な指導・施設不備・災害・クレーム等）、⑦対応者、⑧対応概要、⑨課題、⑩再発防止案」の十項目で、①⑤⑥はチェック方式、その他は記入方式としている。

本報告書を有効に機能させることで、児童が安全に、また、安心して自分らしさを発揮できる教育環境の整備・充実につなげている。

資料５　学習環境ＵＤ化チェック表

令和２年度　学習環境 UD 化チェック表

Ⅰ　教室環境の UD 化チェック表

NO.	チェック項目	備　　　考	
1	「今日の学習」（Ａ３縦／ラミネート／ホワイトボード用マジックで本時の学習過程を記入）を黒板左の壁面に掲示しているか？	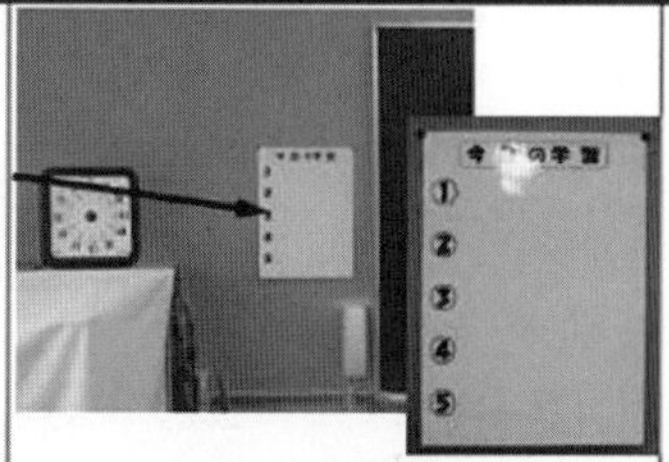	
2	タイムタイマーを教師用机後ろの棚の上に置いて、立てているか？	※　チェック NO.1の写真参照。	
3	黒板に日付を記入しているか？	※　チェック NO.4の写真のように、黒板の右側記入でもよいし、教科ごとに黒板左上や右上に記入してもよいただし日付は １ か所のみとする。	
4	①　学校訪問時の約束事 ◆　学習予定黒板に当日の学習予定を書いておき、翌日の学習予定は書かない。したがって、「今日の学習」は、学校訪問時は掲示しない。 ②　日常（訪問日以外）の学習時の約束事 ◆　学習予定黒板に「明日の学習予定」を記入した時点で、「今日の学習」を黒板右端に掲示し、今日と明日の学習予定について児童が迷わない（混乱しない）ように配慮する。 上記の約束事①②を理解し、そのような形で予定黒板を使ったり、「今日の学習」の掲示をしたりすることができているか？	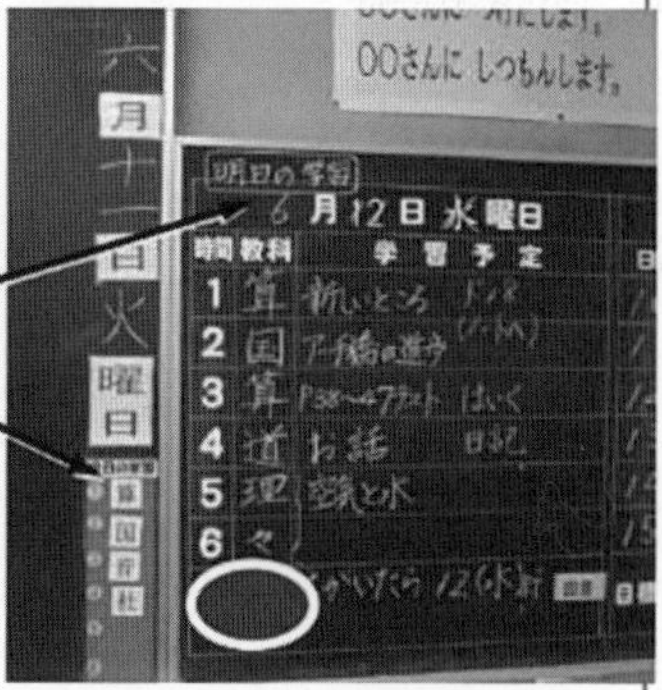	
5	日直の掲示は、黒板ではなく学習予定黒板最下段の左端にしているか？	※　チェック NO.4 の写真の楕円部分。	
6	黒板に「本時のめあて」（ピンクテープを周囲に貼った小黒板に本時の学習のめあてを簡潔に書き込んだもの）を掲示しているか？		
7	児童机の引き出し内の整理カゴを、全児童が左側に寄せて収納しているか？		
	児童机横のフックに物を吊るしていない		

また、これに加えて、二学期からは「キラリ・ホット報告書」の導入を構想している。「キラリ・ホット」というのは私の造語で、「①キラリ→キラキラと光り輝くような行動・出来事／②ホット→心がホッとするような、気持ちがホット（温かく）になるような行動・出来事」という思いを込めている。本報告書によって得たキラリ・ホット情報は、スタッフだけでなく、児童や保護者、地域住民にも紹介・共有したいと考えている。児童・スタッフ・保護者の頑張り（成長）を、みんなで認め合い、喜び合うことで、学校、家庭、地域が一体となって、生き生きと活躍できる学校づくりを推進したい。

四　おわりに

今、私たちは、「時代の流れを読み、巧みに流れに乗ることのできる人材を育成する教育」からの脱却と、「時代の流れを創り、新たな価値・生き方を自らの力で開拓・創造できる人材を育成する教育」への転換を求められている。組織のトップとしての責任と覚悟を胸に、人生百年時代を、豊かに生き抜く力を育てる学校経営に、引き続き取り組んでいきたい。

4　誰もが社会の担い手となるための学びのセーフティネットを構築する学校経営

総合的な支援体制のプラットフォームとしての学校経営

岩手県二戸郡一戸町立一戸南《いちのへみなみ》小学校長
飯岡　竜太郎

〈本校の概要〉
本校は、町のやや南に位置し、学区の中心部を馬淵川が南から北に流れている。学区には、「北海道・北東北の縄文遺跡群」の構成資産の一つである御所野遺跡があり、世界遺産登録を目指している。本校では、二十二年前から「御所野愛護少年団」を結成し、奉仕活動や、ＰＲ活動、ガイド活動などを行っている。目指す子ども像を「輝く子ども～目標に向かって、明るくはつらつと、自らを高めようとする子ども」とし、伝統芸能活動や文化・スポーツ活動にも積極的に取り組んでいる。児童数は九十四名で八学級（特別支援学級二を含む）である。

一　はじめに

本校では、児童の学校不適応といった状況は生じていない。しかし、基本的な生活習慣が定着していなかったり、学力や社会性の向上が図られなかったりする児童がみられる。この中には家庭環境が遠因と考えられるケースもある。

この問題は、学校だけでは対応できないことはもちろんであるが、殊に「学力保障」や「基本的な生活習慣の形成」の部分では、学校が中心となって支援にあたっていくことが必要であると考える。また、学校教育目標を中核とした学校経営の充実を図り、目指す子ども像に近付けていくためには、「家庭の経済的事情等に関わらず、すべての子どもの能力と可能性を最大限に高められるようにすること」を、大切にすることが必要であると考え、次の三点を重視していくこととした。

①自ら学ぶ意欲や向上心を育む教育の推進
②家庭の教育環境改善に向けての支援
③学力に課題のある児童へのきめ細かい指導

この三点について、本校で令和二年度に実践している事例について紹介していきたい。

二　具体的な実践

1　御所野《ごしょの》縄文学《じょうもんがく》を中心とした総合的な学習の時間の充実

本校の学区内には、昨年度世界文化遺産国内推薦に決定した「北海道・北東北の縄文遺跡群」の構成資産の一つである御所野遺跡がある。

御所野遺跡は、縄文時代中期後半（四千五百～四千年前）にこの地にあった「むら（集落）」の跡で、約五百年間人々が暮らし続けたことが分かっている。この縄文人たちは、自然を敬い、自然と共生しながら、互いに助け合い知恵を働かせ、長年、争いのない暮らしを営んできた。

このように、御所野遺跡は、児童の探究に値する多くの価値を含んだ教材であり、本校から徒歩十五分程度で訪れることができる格好の立地にある。

「総合的な学習の時間」において、本校は早期から、この御所野遺跡との関わりを児童の探究活動に取り入れた学習を展開してきた。

児童は、大枠として設定された学年の発達段階に応じた学習テーマの中で、自分の興味・関心に基づいた探究課題を設定し、学びを深めてきた。

平成十一年度には、本校の中・高学年児童によって、「御所野愛護少年団」が結成され、探究活動はもとより、遺跡周辺の草花の植栽や清掃活動などの、遺跡保護をねらいとする環境整備に関わる奉仕活動を行うようになった。

御所野ガイド活動

現在は、これらの活動に加え、高学年による、遺跡の概要や価値を、県内他市町村、県外の方々に広める「ＰＲ活動」や、遺跡を訪れた観光客に対して遺跡の解説をしながら案内する「ガイド活動」といった表現・発信活動にも取り組んでいる。

このような、御所野縄文文化をベースに、自らの生き方を考えるとともに、ふるさと「いちのへ」を見直し、誇りに思う子どもを育てる学びを、一戸町では「御所野縄文学」と定め、町内の小・中学校で、この取組を推進している。

本校の場合、この「御所野縄文学」の取組は、全ての児童にとって、「御所野遺跡は地域の宝である」という認識と、そこから派生する遺跡に対する誇りと愛着といった精神性に根ざしたものとなっており、主体的に学習や活動に関わる取組として、長年続いてきている。

しかしながら、平成二十九年に学習指導要領が改訂されたことを受け、児童に身に付けさせたい資質・能力の観点から総合的な学習の時間のカリキュラムを見直してみると、系統性、発展性、そして、他の領域とのバランス面で、指導計画上の課題が明らかになった。

そこで、令和元年度から令和二年度にかけて、どの子どもにとっても「発達段階に応じ、深化・発展を実感しながら学びを深める学習内容となっているか」という面から、校長と担当教員が中心となって、年間指導計画の見直しを進めることとした。

手順として、まず、校長が、系統性の面から各学年の年間指導計画を俯瞰《ふかん》し、問題点や改善の方向性をまとめて担当教員に伝えた。担当教員は、校長の示した改善の方向性に基づきながら、学年テーマや身に付けさせたい資質・能力、主な学習内容といった、指導計画の基盤を構築した。これに添いながら、学年ごとに、活動内容の詳細や実際に考えられる学習活動といった具体的な指導計画を作成する、という作業工程で、改善を進めていった。

これにより、指導する教員にとって、学習のつながりが意識できるようになり、より見通しをもった指導が効果的に行えるようになった。そして、発達段階に応じた適切な領域の配置と、特に「御所野縄文学」に関わる学習内容の深化・発展が明確になった。児童にとっても、これまでの学習を生かした学びが展開しやすくなり、さらに深めたり広げたりして、学びを向上させていこうとする思いが、多くの児童に意識化されるようになってきた。

このような「御所野縄文学」を中心とした児童主体の学びの推進により、全ての児童に「学ぶ楽しさ」を味わわせ、これによって、自ら学ぶ意欲を高め、向上心をもって学習に取り組む態度を育んでいる。

2　民生児童委員、スクールガードと連携した家庭教育の支援

一般論として、保護者の愛情不足や不適切な関わりが、生活意欲の乏しさによる学業不振や年齢相応の社会性の欠如につながっていることもあり、その背景には経済的な困窮や孤立した家庭の様子もうかがえる。このようなことから、学校内の取組だけではなく、地域と連携しての子育て支援を進めていく必要があると考える。

本校学区には、六名の民生児童委員がいる。この方々を含め、一戸地区の約二十名の民生児童委員、主任児童委員の方々と情報交換会を開催し、児童の学校での様子、地域での様子を交流して、支援の手だてを講じている。特に、学区内の民生児童委員の方々には、普段から本校児童の各家庭を気に掛けてもらっている。保護者との会話や児童の様子について、少しでも気に掛かることがあれば一報があり、そのことにより、すぐに対応に当たることができる。また、児童の様子から、関係地区の民生児童委員に見守りの強化や声掛け、家庭訪問など、家庭教育支援に当たってもらっている。

さらに、必要に応じて町の福祉関係機関に情報提供を行い、専門機関からの支援など、早期対応につなげることができている。

スクールガードとの情報交換会

また、主に児童の登下校時の見守りの「スクールガード」の方々は、特に、朝の様子について、集団登校の集合時刻に遅れてきたり表情が暗かったりと、気に

なることがあれば、その情報を学校に提供していただいている。令和元年度から、スクールガードの紹介式の際は、合わせて情報交換会を行うこととし、気になる児童や家庭の状況について、情報共有や対策を講じる場としている。

　このような、家庭教育支援にかかる地域からの協力を得て連携を深めていくことは、近年ますます重要になってきており、今後も学校課題の解決に向けて大切にしていきたい。

３　学校支援員や担任外教員を活用してのきめ細かい指導

「どの子どもにも分かる授業を」というのが、学力保障の面で、本校が最も力を入れていることの一つである。本県では、授業づくりにおいて、児童生徒の資質を育成するために必要な「主体的・対話的で深い学び」の実現に向けた授業改善として、「見通し」「課題解決」「振り返り」という三つの視点を大切にしている。

　本校においても、日頃から、この三つの視点を意識した授業づくりに重点を置いている。しかし、そのような中でも、なかなか授業内容が理解できず、学習意欲が低下している児童もおり、その中には、登校を渋る児童も見られる。

　このような児童にきめ細かく対応するために、町から配置されている学校支援員（非常勤職員）の効果的な活用や、担任外の教員の関わりを工夫してきた。

　学校支援員は、令和二年度は、本校に三名が配置されている。

担任と連携しながら児童の支援にあたる学校支援員

　年度初めに、主に学習面で配慮が必要な児童を学年ごとに確認し、その児童が、特にどのような教科や学習内容で支援が必要であるのかを情報共有した。その上で、授業の中で、その児童に対する課題に応じた支援を、学習支援員が中心となって行った。

　実際の授業では、全体指導を担任が行い、該当児童の様子を学習支援員が観察して、学習活動につまずいていたり、意欲の低下が見られたりしたときに、そばに寄り添って支援を行うといった役割分担で学習を進めている。

　これにより、取組以前より学習活動の遅れがなくなったり、集中力が持続するようになったりと、該当児童の変容が見られるようになってきた。一方、登校渋りの傾向が出始め、個別の面談をすると「勉強が分からなくて、授業が苦痛である」「勉強についていけないので、学校に行きづらい」と、つらそうにその理由を話す児童もいた。学習内容を定着させるためには、児童個々の思考の流れやペースにできるだけ応じていくことが有効である。

　そこで、教科や単元によっては、学級全体での一斉指導になかなかついていけず、困り感をもっている児童に、担任外や特別支援学級の教員が、保護者の承諾を得た上で、必要に応じて個別の取り出し指導を実施した。

　実施してみると、該当児童の内容理解や定着が効率的に図られ、児童自身も「もっとやりたい。」「また、困ったときはこのような勉強をしたい。」という声が聞かれ、学習意欲の面でも改善が見られた。さらに、学習意欲の低下が登校渋りの要因の一つであった児童も、学習内容の理解が図られたことで自信を取り戻し、通常どおりの登校ができるようになり、教室での一斉指導にも抵抗を示さずに取り組めるようになった。

　このような観察・支援や取り出し指導は、学業不振や学習意欲の低下の傾向にある児童への対応として有効であると考える。授業改善と合わせて、個別のきめ細かな指導も更に効果的なものとするように、令和二年度は、年度当初の確認だけでなく、定期的に行っている運営委員会や生徒指導委員会でも、対象児童やその児童の学力面での支援方法について協議し、その時期の状況に応じて実施した。

　その成果は、子どもたちの学校生活における満足度と意欲、さらに学級集団の状態を調べることが分かる質問紙「Q－U」にも、良好な結果として表れていた。

　今後も、このような取組に一層力を入れ、「どの子にも分かる授業を」の実現に向けて、授業の充実を図っていきたい。

三　おわりに

昨今の経済的困窮や一人親家庭の増加などに起因する家庭教育の困難さへの対応は、学校教育だけでの解決は大変難しい。そして、社会状況の変化により価値観が多様化する中で、指導・支援の困難さを感じる案件も増えてきている。

しかし、学校が取り組むこと、学校だから取り組めることはたくさんある。取組を進めていく中で、学校教育による学力保障、学校を窓口とした地域や福祉関係機関等との連携など、学校が、総合的な支援体制のプラットフォームとしての役割を果たしていくことは、学校経営上も極めて重要なことであると、改めて確信した。

本校児童全てが、目指す子ども像「輝く子ども～目標に向かって、明るくはつらつと、自らを高めようとする子ども」に少しでも近付けるよう、教職員一丸となって努力していく。

5　教育施策推進のための基盤を整備する学校経営

「子ども主体の学び」を創造する学校経営

広島県福山市立遺芳丘《いほうがおか》小学校長

橋　本　秀　基

〈本校の概要〉

本校は、広島県東端にある福山市の西部に位置し、令和二年三月に、百四十六年の歴史に幕を降ろし閉校した東村小学校と今津小学校を再編し、同年四月に開校した。校舎は瀬戸内海を望む高台にあり、校区には古くからの田園風景や古墳・江戸時代の本陣跡などの史跡や文化財が残されている。

児童数四百二十二名、二十学級（特別支援学級五学級を含）で、育てたい子ども像を「協働・創造・幸動」と掲げ、学校教育目標を「感謝・思いやりの心を持ち、仲間と共に、学び続ける子どもの育成」としている。

一　はじめに

平成三十年六月十五日に閣議決定された「第三期教育振興基本計画」において、今後の教育政策に関する基本的な方針の一つ「教育施策推進のための基盤を整備する」についての目標の一つには、「新しい時代の教育に向けた持続可能な学校指導体制の整備等」と記されている。

本市においても、福山市市制施行百周年を迎えた平成二十八年一月、次の百年へ、さらにその先の未来に向かって、変化の激しい社会の中で、自分の夢の実現に向けて、福山で、日本で、世界で、生涯にわたって学び続け、たくましく生き抜く子どもたちの育成を目指すことを「福山１００ＮＥＮ教育」として宣言し、取組を進めている。「福山市１００ＮＥＮ教育」では、子どもたちが、自ら考え、分かることの喜びや他者と協力して課題を解決することの大切さを実感できる「子ども主体の学びづくり」と、学校規模・学校配置の適正化やＩＣＴ整備など「子どもたちの学びがより充実するためのよりよい教育環境の整備」を二本の柱として取り組んでおり、第三期教育振興基本計画の目指すものそのものである。また、本校の開校も、「福山１００ＮＥＮ教育」の一環として進められたものであり、振興計画の考えに沿ったものであるととらえている。

再編二年前の平成三十年四月に私は、今津小学校長として赴任し、現在の遺芳丘小学校長をそのまま拝命している。本論文では「子ども主体の学びづくりそのものが学校再編の取組」との考えに立ち、進めてきた開校準備期間から今日までの実践を紹介することとする。

二　学校基本構想の策定

新設校の教育内容については、再編対象の両校に委ねられていた。そこで、開校までの二年間、旧東村小学校と旧今津小学校では新しい学校の基本構想や教育内容づくりに向けて、合同研修会を重ねてきた。研修会の中で、まず初めに私は，教職員に次の二つのことを確認した。

①百四十六年の歴史をもつ二校を再編して創る新設校の学校基本構想は、両地域の歴史やそこで生き続けた人々の願い、長い間、地域の学校を慈しんできた人々の思いをしっかりと受け止めて考える必要があること

②これからを生きる子どもたちのために、「子ども主体の学びづくり」を、今進めることこそが、再編に向けての最重要の取組であること

学校基本構想策定の第一段階は、両地域の歴史を振り返り、それぞれの地域で大切に残されてきたものを確認し、「何を受け継ぐか・何を発展させるか」などを協議した。

古くから農業を営み、今でも近代的な農業へチャレンジし続ける姿、中世の交通の要所として異文化を理解し街を広げてきた姿、学び続けた先人の生き方などから、基本理念を固めた。その理念のもと、変化の激しい社会の中で、今我々が子どもたちに求める力やこれまで培ってきた両校の教育活動などを加味しながら、「育てたい子ども像・学校教育目標・特色ある教育活動」を整理し、基本構想を策定した。

次項では、その中の特色ある教育活動について紹介する。

資料１　遺芳丘小学校基本構想

遺芳丘小学校基本構想

基本理念

故郷の先人たちは，古くから，異文化理解とチャレンジ精神を大切にし，地域の自然，伝統・文化，産業などを持続・発展させてきました。こうした心意気を受け継ぎ，様々な人々と共に未来を切り拓き，幸せな社会を築くことができる子どもを育成します。

育てたい子ども像

協働「違うことが素晴らしい！」…様々な思いや考えがあることを喜び，協働する子
創造「創ることが面白い！」………進んで地域や社会と関わり，よりよい生き方を創造する子
幸動「自分が好き！人が好き！」…ありのままの自分と人を受け入れ，みんなの幸せのために行動する子

学校教育目標

感謝・思いやりの心を持ち，仲間と共に，学び続ける子どもの育成

育成する21世紀型“スキル＆倫理観”

協働	創造	幸動
コミュニケーション能力	**課題発見・解決力**	**感謝・思いやり**
表現を工夫して伝えたり，相手の思いを共感的に聴いたりしながら，協働的に考えを深めていく力	物事への関心を深め，自ら見つけ，知識や経験を活かしながら，自分なりの答えを導きだそうとする力	周りの人・物への感謝の気持ちを言葉や態度で表し，自分のことも相手のことも大切にしようとする態度

子ども主体の学び

特色ある教育活動

○ 子ども自ら考え，選び，決めて進める学び	○ 異年齢で関わる学び	○ 主体的に地域や社会に関わる学び
・学習計画・方法，座席，道具… ・語り合い，伝え合い，教え合い…	・総合的な学習の時間，生活科，国語科，算数科 ・掃除・行事活動	・農業体験学習，環境学習 ・福山大学と連携した学習

《重点的に取り組む SDGs》

11	12	15
すべての人が安全で暮らしやすく，環境にやさしいまちをつくる	人や自然に負担をかけず，多くのものが得られる生産と消費の在り方を追求する	陸の生態系を守り回復し，将来にわたってその恵みを受けられるようにする

《自己の学びを実感できる評価》

○個の学びの足跡「学びファイル」の作成　○学びファイルを活用した児童面談，個人懇談

《個に応じた学習の場》

○特別支援学級（知的・自閉情緒）

○日本語指導教室

《施　設》

○ふれあいルーム
・各種集会，地域交流，ランチルーム等

○図書室
・行ってみたくなる，ほっとできる，ゆったり読める，いつでも自由に調べられる…

三　特色ある教育活動づくり

1　子どもが自ら考え、選び、決めて進める学びづくり

平成三十年、今津小学校では、福山市教育委員会の「教科・学年の枠を超えた教育課程の編成・実施パイロット校」の指定を受け、「子ども主体の学びづくり」に取り組み始めた。「児童が課題解決に向け、友達と協働して考えたり、教え合ったり、意見を交わしたりしながら主体的に学ぶ授業」を目指し取り組んだ。

当初は、授業づくりについて学校共通の取組を設定しなかった。それは、子ども主体の学びがどういうものか正解がなく、個々の教職員の主体性に任せ、試行錯誤しながら、管理職と教職員で一緒になって考えていく必要があると思ったからである。したがって、私自身も日々の授業観察を通して授業づくりを考え、担任に指導するのではなく、一緒に考えるという姿勢で対話を続けた。

その結果、まず始めに多くの教職員が授業で話すことを我慢し、児童の主体的な発言を待つことに取り組み始めた。校内研修では、日々の取組の様子や悩みなどの交流を重ねた。一学期が終わる頃には、これまで以上に活発に授業に臨む子どもたちの姿が見られるようになってきた。しかし、一方では、教師が授業の最後に、強引にまとめるなど、自分が考えていた授業の流れに子どもたちを引き込もうとすることから抜け出せない状態も続いていた。

「授業で考えることは面白いですか？」の同一集団の肯定回答の割合推移

H30 年度		H31 年度		増減
全校	76.9	全校	83.8	+6.9
1 年	68.6	2 年	73.8	+5.2
2 年	80.6	3 年	83.1	+2.5
3 年	82.5	4 年	87.7	+5.2
4 年	77.2	5 年	80.4	+3.2
5 年	79.6	6 年	94.5	+14.9

二学期以降こうした状況を反省し、「我慢する」から「子どもと一緒に授業を創る」ということを、全教職員の共通テーマとした。これまでの「教師が我慢する」という発想そのものが、授業者主体の考え方であることに気付き、研究協議では子どもの姿やつぶやき

席を自由に離れて教え合う児童

をもとに協議するなど、常に子どもを主語にして考えるように努めた。

こうした意識の変化は、日々の授業でも見られ、教職員は、次第に子どもたちに「任せる授業」に挑戦し始めるようになっていった。

授業では、授業者の「みんなどうする？」「何がしたい？」「今日は何から考える？」「どうやってやりたい？」といった言葉がよく出るようになった。その結果、子どもたちの学ぶ姿も次第に変わり始め、「挙手することなく意見を交わし合う姿、席を自由に離れて友達と教え合う姿、自分から黒板の前に出て説明をし始める姿」など、これまで教師が認めてこなかった姿で、子どもたちが生き生きと学ぶ姿が広がり、その変容は、児童アンケートにおける同一集団児童の比較にも反映されている。

２　異年齢で関わる学びの創造

今回再編された二校では、異年齢で行う縦割り活動に取り組んでいた。こうした多様な人と学び合う経験を教科学習にも取り入れることで、自己肯定感や自己有用感を高めつつ、学ぶ意欲を高めようと考えた。取組は開校前年度からスタートし、生活科・総合的な学習の時間、国語・算数で異年齢の学びに取り組んだ。

生活科では、開校前年度は年間九十時間程度、開校年度は全百五時間分のカリキュラムを作成した。二年生が一年生をリードしがちな中、一年生も保育所での遊びや学びの経験を生かして、自分の思いを二年生にしっかりと伝えながら学んでいる。

学校探検中の１・２年生

縦割りの総合的な学習の時間は遺芳タイムと名付け、開校前年度は年間四十時間程度、開校年度は五十五時間設定している。遺芳タイムでは、三年生から六年生が「地域の歴史伝統」「地域と国際」「地域の防災」「地域の産業」の中から希望するテーマを選び、同じテーマの児童で縦割り班を編制し探究活動に取り組んでいる。

図書館の本やインターネットはもとより、実際に地域に出かけて見学したり地域の人にインタビューしたりしながら、自分たちの課題について探究している。高学年がリーダーを務める中、低学年の素朴な疑問や発想が探究活動を前に進める場面も見られるなど、学年を超えて児童が関わり合いながら学ぶことができている。

下級生の質問に答える上級生

異年齢で学ぶ国語は、他学年との関わりを通して様々な言語技術を学び、算数では自分の苦手な問題などを持ち寄り、自力解決のあと学年を超えて教え合ったり聞き合ったりして学んだ。ここでも高学年を頼る低学年の姿が多く見られたが、時には低学年が高学年の問題に興味をもち、挑戦している姿や、うまく教えられなかった高学年が、教室に帰って復習しようとする姿も見られた。開校後は、物語教材や図形教材など共通の領域の単元学習にも取り組んでいる。

3　自己の学びを実感できる評価の創造

子どもの学びが主体的になるにつれ、これまでの単元テスト・補助簿・通知表という流れの評価でいいのかという疑問が生まれてきた。我々は、評価の目的について改めて議論し、「子どもが自己の学びを振り返り、次への意欲を高める。保護者が子どもの伸びや課題を認識する。授業者が子どもの伸びや課題から指導の改善を図る。」つまりは、評価の目的は、子どもと保護者と教師が学びの中身と結果を共有することであると整理した。

教職員からは、これまで当たり前に作成していた通知表では、子どもの学びの結果のみに注目されてしまい、子どもの学ぶ姿や学びの中身が伝わらないという声が出るようになっていた。

　そこで、私は「通知表を作成するのは学校の裁量。もし通知表がなかったら、どうやって評価するのか考えてみよう。」と教職員に伝えた。その後、教職員との議論の末、通知表を廃止して個人のポートフォリオ「学びファイル」を作成することになった。個別のリングファイルに、自分の目標、ノート、社会科新聞などの作品やワークシート、テスト、図工の作品の写真、学びや生活の自己評価シートなどを綴じている。

　学期に二回、担任と児童がファイルを見ながら面談を行い、伸びた所や今後の課題について確認している。学期末の個人懇談でも、担任と保護者が三十分程度かけて、ファイルを見ながら子どもの学びの様子を共有すること

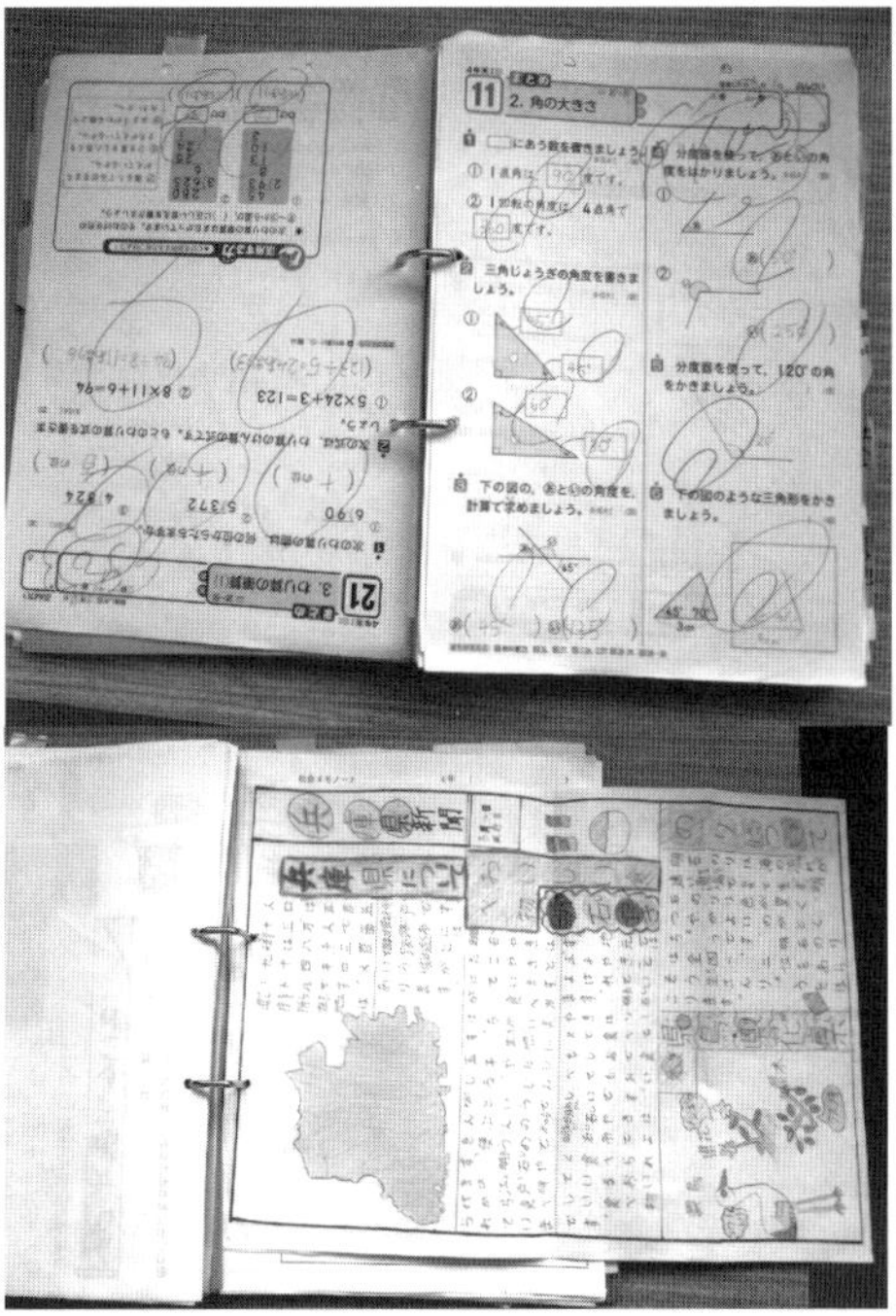

学びファイル

個人懇談後の保護者アンケートにおける肯定回答の割合

質問	R 1	R2
子どもの伸びや学ぶ姿がわかった	97%	99%
子どもの課題や今後に向けてがわかった	96%	99%

としている。

子どもたちからは、「自分の頑張ったところや課題がよく分かる。親に勉強の中身や自分の努力したところを見てもらえてうれしい。」といった声が聴かれている。通知表廃止への不安を募らせていた多くの保護者の方にも学びファイルについて肯定的にとらえていただいている。

四　おわりに

私は、学校再編を通して、子どもたちが主体的に学び続けることができる教育内容づくりに取り組んできた。学校経営の中心に置いたのは「学びづくり」である。開校直後、新型コロナウイルス感染拡大防止のための臨時休業を余儀なくされた。主体的に学び始めた子どもたちは、休業中も自分で計画を立て、習っていない学習に向き合い、学び続けていた。

学びづくりに終わりはない。コロナ禍にあってはなおさらである。だからこそ、これからも校長として教職員と共に、子どもの学びを創り続けていきたい。

第二章　活力ある学校づくりを推進する学校経営

提　言

活力ある学校づくりを推進する学校経営

――人を育て組織を動かす――

群馬県高崎市立東《ひがし》小学校長

飯　島　雅　年

一　はじめに

令和二年度は新型コロナウイルス感染症への対応から始まった。中国で発生した新型コロナウイルス感染症が世界に広がり、日本においても感染を抑えるために様々な対応策がとられた。学校も臨時休業や分散登校等の対応を余儀なくされた。このことによりやや影が薄くなってしまった感があるが、令和二年度は、平成二十九年に告示された学習指導要領の全面実施の年でもあった。小学校学習指導要領解説編総則の改訂の経緯を見ると、これからの社会はグローバル化や技術革新等により、社会が急速に変化し、予測が困難な時代としている。新型コロナウイルス感染症は、ある意味予測が困難な時代を象徴する出来事の一つと言えるだろう。

こういった状況下で「活力ある学校とは」と問われれば、今回の新型コロナウイルス感染症の流行にみられるような予測困難な出来事や時代の急激な変化にも対応しつつ、児童に生きる力を育むことのできる学校であると答えたい。

では、不測の事態や急激な変化に対応し、児童に生きる力を育むためはどうすればよいのか。

平成二十九年に告示された学習指導要領では、各学校で特色ある教育活動に取り組み、その学校ならではの成果を上げるために、社会の変化が加速し、複雑で予測困難な時代を生きる子どもたちに必要な力を育んでいけるように社会に開かれた教育課程の実現を目指すことが示された。そして、学びの地図として、各学校において創意工夫された教育活動の改善・充実の好循環を生み出すカリキュラム・マネジメントの実現が、主体的・対話的で深い学びとともに示された。活力ある学校づくりを推進するためには、カリキュラム・マネジメントを積極的に進め、各学校の実態に応じて柔軟に教育活動を展開していくことが求められている。

そこで、本稿では、活力ある学校づくりを推進する学校経営において、カリキュラム・マネジメントに着目し、日頃校長として小学校におけるカリキュラム・マネジメントを進める上で必要と感じている視点、配慮事項等について提言したい。

二　カリキュラム・マネジメントを推進する際の二つの視点

1　aim・goal・objective

カリキュラム・マネジメントを推進する際に、目指すべき「目標」を三つのレベルで考える必要があると言われている。その三つとは「aim」・「goal」・「objective」である。「aim」は抽象度の高い目標。憲法や教育基本法、敢えて言えば学校の教育目標がイメージされる。「objective」は、具体的な目標。一単元や一単位時間の目標といったものがイメージできる。「goal」は、二つの中間に位置する目標。教科の学年の目標や小学校六年間で達成する教科の目標といったものがイメージできる。

小学校は学級担任制である。高学年を中心に教科担任制の導入が進められているが、まだ一部の学校だけである。学級担任制のよさの一つとしてその学年で、学習すべき各教科の内容については押さえられている。その反面、六年間を通して各教科においてどのような学習内容を取り上げ、教科としてどういう力を育むのかという意識が弱いようにとらえている。小学校におけるカリキュラム・マネジメントを推進する際には、「goal」を意識してみていく必要がある。

2　必要性（necessity）・効果（effective）・バランス（balance）・説明責任（accountability）

各学校には、自校の特色を生かし創意工夫された教育課程を編成していくことが求められている。教育課程の編成やカリキュラム・マネジメントをしていく際、自校の特色を生かした教育活動を組み入れるためには、必要性（necessity）・効果（effective）・バランス（balance）・説明責任（accountability）の四つの視点で検討すべきだと考えている。

第一の必要性（necessity）と第二の効果（effective）は、端的に言えば、この学習内容や学習活動が自校のこの学年にとって必要かどうか、そして、これを行うことで効果があるかどうかということである。例えば、五年生で米作り体験をするとした場合、米作りを体験することによって、教科・領域の学習とのつながり、児童の実態などから必要性があるかどうか、また、教科・領域の学習内容を理解する上での効果があるかどうか。こういったことを吟味する必要がある。

第三にバランス（balance）である。特色ある教育活動を取り入れる。あるいは、ある教科・領域に学校として力を入れるといったときに、教育課程全体のバランスを見る必要がある。このことは、ゆとりのように揺れ幅の大きい教育界では特に考慮したい。

第四の説明責任（accountability）は自校の教育課程について説明できるかどうかである。説明できるということは、これまでにあげた必要性・効果・バランスといったことがクリアできているということである。社会に開かれた教育課程の実現が示されている中で、保護者や地域に対して説明していく必要が今まで以上に増えてくるのではないかと考えている。

以上の四つの視点は英語の頭文字をつなげて、私は教育課程の編成やカリキュラム・マネジメントをする際に考えねばならない視点として日頃から意識をしている。

三　カリキュラム・マネジメントの「評価」は「Check」ではなく「Study」

「マネジメント」は、目標達成のための営みであり、その手段として、「P・D・C・A」というサイクルが用いられる。ここでは、評価を「Check」という言葉を充てているが、私は「Study」という言葉を使いたい。

理由としては二つある。一つは、「P・D・C・A」サイクルを日本に持ち込んだエドワーズ・デミング博士が後年「Check」を「Study」という言葉に訂正している。ではなぜ「Study」に訂正したのか。それは、「Check」という言葉の意味が計画への準拠・服従を意味するためだと言われている。そのため、計画そのものを見直すといった意味合いから提案されたのが「Study」という言葉だと理解している。学習指導要領にも示されているように変化の激しい時代である。だからこそ、計画そのものも見直していく必要があるので「Study」の言葉がふさわしいと考える。もう一つの理由は、カリキュラムの評価は、子どもたちの姿からも学ばなければならないと考えるからである。学ぶという意味を込めれば、「Study」という言葉がカリキュラム・マネジメントにおける評価にはふさわしいと思うのである。

教育課程を中心としたカリキュラム・マネジメントは、各学校で創意工夫を凝らしたものであるがゆえに、実践を計画そのものから評価する。子どもの姿から学び、よりよいものとしていく姿勢を示すカリキュラム評価において、敢えて、「Study」という言葉を用いた評価が必要であると考える。

四　人を育て組織を動かす

1　人を育てる

実際に日々カリキュラム・マネジメントを実践するのは教職員である。カリキュラム・マネジメントをしっかりとできるかどうかは教職員の力量次第である。それ故にカリキュラム・マネジメントを教職員に意識して取り組ませたい。私は、意識することで教師としての「観」を育てることにつながると考えている。

ここでいう意識して取り組むとは、先に示した二つの視点をもって、P・D・S・Aをしていくことである。具体的には、「この教科で六年間を通して育てたいことは」「この学年で身に付けさせる力は」といった「goal」を明確にする。また、「このねらいでなぜこの教材を使うのか」「児童の実態からどう指導するか」などを考察し、P・D・S・Aを繰り返すことは、教材を見る目、児童を見る目など、教師としての「観」を磨き、力量形成につながるものと考えている。

2　組織を動かす

こういった教職員を組織として動かすことが、学校経営の大きな部分を占める。その際に特に大事になるのが、方針と組織としてどう取り組ませるかということだと考えている。

カリキュラム・マネジメントの推進だけでなく、学校経営全般に言えることだが、方針を立てる際には、教職員が安心して実践しやすくする、また、個々の力を発揮しやすくするといった点に留意すべきである。具体的には、教職員が校長の方針は何ですかと問われたときに答えられるようにすることである。なぜなら、教職員の頭に残らないような方針では、教職員が判断に迷い実践しづらくなるからである。その結果、教職員は力を十分に発揮できなくなってしまう。では、教職員の頭に残る方針にするためにどうすればよいか。私は方針を立てる際に次のようなことを心掛けている。第一は、学校の課題をしっかりと俯瞰して方針を立てているか。第二はシンプルで分かりやすい言葉で的確に表現しているか。第三は方針を序列化したり構造化しているか。この三点を意識して織り込んだ方針を作成することが大切だと考えている。

次に方針をもとに組織として課題にどう取り組むかということであるが、私は既存の分掌を生かしつつも、必要に応じて柔軟にチームをつくり対応することが必要だと考えている。例えば、今回の新型コロナウイルス感染症の予防を考慮してどう教育活動を進めていくかということについて、教務、学力向上担当、生徒指導担当、保健主事、養護教諭、栄養職員などを入れた対策チームを組織して、学校としての対応策を検討した。

なぜ柔軟にチームを組織して課題に対応すべきかというと、まず一人で抱え込ませない。次に課題に対して教職員の専門性や得意分野を生かす。そして、複数で検討させることで多面的・多角的に課題にアプローチできる。さらに、スピーディーに提案できるといったことからである。私は、今までの経験上、チームを組む際には最大でも八人までと決めている。柔軟にチームを編制することによって、教職員の経営への参画意識も育られる。

五　おわりに

活力ある学校づくりを推進するため、カリキュラム・マネジメントに着目し、日頃校長として考えていることや配慮事項についてまとめてみた。最後に、私自身が校長として学校経営にあたる際に、常に戒めとしている二人の先人の言葉を借りて終わりにしたい。

一つは、「組織はリーダーの力量以上には伸びない」プロ野球監督の野村克也氏の言葉である。校長は言うまでもなく学校のリーダーである。校長の力量が組織の力量を決める。では、どう力量を上げていくのか。本田技研の創業者・本田宗一郎氏の名参謀といわれた藤沢武夫氏は「経営者は、三つ先を見て、二つ先を語り、一つ前を照らす」といった言葉を残している。校長は学校の経営者である。常に先を見て、そして、教職員と対話し、先を示していけるよう研鑽を積み、力量をつけなければならない。活力ある学校づくりは校長の力量にかかっている。私はもうすぐ退職を迎えることとなるが、校長として最後まで力量形成を怠らず自校を少しでも活力ある学校にしてまいりたい。

実践事例

1　人権教育を重視した学校経営

心豊かで主体的に生きる力の育成を目指して

北海道岩内郡共和町立西陵《せいりょう》小学校長
阿　部　　修

〈本校の概要〉

本校がある共和町は、北海道後志《しりべし》総合振興局管内の西部に位置し、北は積丹《しゃこたん》半島南部、南はニセコ連峰に接していて、夏には神仙沼《しんせんぬま》湿原を訪れる観光客が多い。また、農業が基幹産業で、地元ブランドとしてスイカ・メロン・スイートコーンを生産している。

町内には小学校が三校あるが、本校は昭和五十九年に統合校として発足し、現在、児童数七十七名、学級数八学級、教職員数十七名、規模の小さな学校である。

一　はじめに

令和二年度がスタートしてまもなく、新型コロナウイルス感染拡大防止のため、六週間ほど全道一斉に臨時休業となったが、六月から学校を再開することができた。「新しい学校生活」に基づき、感染症対策を徹底しながら様々な教育活動を行っているところである。

さて、本校では、「人が育つ『つながり』を大切し、『温もり』溢れる学校」を基本理念とし、子どもたちが充実した学校生活を送り、生命の尊さを自覚し思いやる心や心身を鍛える態度、主体的・対話的で積極的に学ぶ姿勢を育てようと、学校教育目標を「心豊かで　たくましく　進んで学ぶ子の育成」として教育を推進している。

本校の児童は、明るく素直で、友達と協力しながら様々な活動を行うことができる。大きなトラブルやけがもなく、落ち着いた学校生活を送っている。しかし、友達の思いを十分に考えられずに不愉快な思いをさせることがあったり、友達の心を傷つける言葉を言ったり、自分の思いを素直に表現できず、トラブルの原因をつくってしまったりするなど、友達との関係を崩してしまう行動をする児童も少なくない。

学習においては、与えられた課題に対して最後まで真剣に取り組むことができる児童が多く、基礎・基本の定着につながっている。また、自ら課題を設定して既習内容を活用し主体的に解決していこうとする姿勢は、徐々に身に付いてきている。その一方、話し合い活動の中で自分の考えを適切に伝えることができずにいる児童、また、友達の考えを聞いて自分の考えを広げ深めることができずにいる児童も少なからず見受けられる。

このような実態を踏まえて、子どもたちが他者との関わりの中で、共に学ぶ楽しさや喜びを感じ、自他を尊重する心を育み、一人一人が自己肯定感や達成感を得られるような授業づくりを大切にする授業研究を進めている。授業の中で対話的な交流の場を意図的に設定して、他者とのつながりを意識し、自分と友達との考えの違いを認めて、互いを尊重し合おうとする態度を育てていきたいと考える。そのため、様々な教育活動が人権教育と密接につながっていることを意識するとともに、人権尊重を重視した学校経営を心掛けている。

二　具体的な実践

1　他者理解を深める体験活動

本校は、北海道教育委員会の指定を受け、学校図書館活用促進事業に取り組んできた。平成二十九年度から三年間、計画的に活用できるよう学校図書館を整備し、その機能を生かした授業づくりを進めてきた。

(1)　学校図書館の環境整備と充実

学校図書館に所蔵する図書の選定は、教師だけではなく、児童にもアンケートを採り、読書活動の充実にもつながるよう図った。また、他人の立場に立てる想像力や共感的に理解する力を育む活動にもなるよう、図書紹介コーナーの工夫を図ってきた。この他、町の図書館と連携し蔵書を借り受け、各学級に学級文庫を設置し、朝読書の本選びの充実も進めてきた。

(2)　読書月間の取組

毎年十一月を読書月間に設定し、子どもたちが様々な図書に触れる機会を増やし、積極的に読書をする態度を育てようと取り組んでいる。この期間、全児童一人一人が自分の読んだ本を紹介するカードを作成し玄関ホールに掲示している。また、読書発表会では、学年ごとにおすすめの本を他の学年に発表するなど、友達の考えや思いの理解を深める機会となっている。

この他、教職員をはじめ、保護者や読み聞かせボランティアグループなどの協力を得ながら、朝読書の時間に、大人による読み聞かせ活動も行っていて、読書への関心・意欲の向上にもつながっている。

2　人権意識を高める教育活動

これまで研究主題「主体的に学ぶ子どもの育成」のもと、学校図書館を活用した授業づくりについて研究を進めてきた。その成果を生かしつつ、令和二年度から研究主題を「自ら考えを持ち、共に学び合う子の育成」として、対話的な交流についても継続して研究を進めた。

(1)　友達との関わりを大切にした授業づくり

児童の自己学習能力の育成の視点から、自分の大切さや他者の大切さが認められていることを、児童自身が感じ取れる場となるよう、教職員が意識して授業を展開することが必要である。

また、尊重し合い、共感し合う人間関係の中で、互いのよさや可能性を認め合い、自己決定する場では、自ら考え、判断し、責任をもって行動できるよう、支援することも大切である。

このようなことを年度当初に確認し、授業づくりを進めることにした。

交流場面では、他者とのつながりを意識し、「考えをもつ」「伝え合う」「聞き深める」過程を踏まえて意図的に教師が目的や視点を示し、児童が考えたことや伝えたいことをまとめ、表現し、交流する場面を設定している。このような交流場面を通して、児童は、徐々に多様な考えや方法と出会い、仲間と学び合うよさを実感してきている。

こうした授業実践を積み上げながら、友達との関わりを大切にし、自己肯定感を高められるよう、授業改善に取り組んでいる。

(2)　人権教室の実施

人権擁護委員を講師として招き、毎年人権教室を実施している。六年生のみであるが、「人権とは何でしょうか」という投げ掛けから始まり、身近な問題の一つである、いじめ等の人権問題について考える機会をつくることで、相手を思いやる大切さや生命の尊さを改めて感じている。

六年生一人一人の真剣なまなざしがとても印象的で、いじめがなく、仲良く、思いやりあふれる雰囲気の学校にするにはどうしたらよいか、一生懸命考えていた。

3　人とのふれあいを大切にした活動

子どもたちの中に、人権尊重の意識は高まってきているようである。やはり、日常の学校生活において安心して生活でき、学校に来ることが楽しい、学校が好きだということが、児童の自己肯定感を強めることにつながると考える。

(1)　自他のよさを認め合う活動

どの学級でも、帰りの会の短学活で、自分の頑張ったことや友達にしてもらってうれしかったことを発表し、拍手で賞賛し合っている。

発達段階に応じた発表になるわけだが、一・二年生では、一日の中で自分の頑張ったことを発表し、友達に拍手で認めてもらうことにより、自分の頑張りを実感することにつなげている。三年生以上になると、友達との関わりの中で、友達のよさを見つけてほめる行為になっている。さらには友達のよいところを見習おうとする雰囲気にもつながっている。

(2)　縦割り班による清掃活動

本校の清掃活動は、一年生から六年生までの異学年集団による活動となっている。上の学年の児童が下の学年の児童の世話をしながら掃除をしている。清掃班のリーダーは主に六年生であるが、下の学年の児童に指示が分かりやすく伝わるように考えて話したり、一緒に行動しながら掃除の仕方を丁寧に教えたりするなど、相手のことを考えて行動をしている。また、その姿を見て、模範として下の学年の児童も見習おうとしている。

掃除の反省で、担当の教師がそういった児童の姿をほめることで、認め合う心の醸成や自己肯定感の強化につながっている。

(3)　コロナ禍での遠足

令和二年度は、新型コロナウイルス感染症対策を講じつつ、一学期末に全校遠足を行うことができた。適度な距離を歩くことで体力の増進を図り、困難なことにも諦めず協力して実現する態度を育てるというねらいとともに、目的地で縦割り班による遊びを通して、互いに楽しみながら相手を思いやる気持ちを育てることもねらいとして位置付け、実施した。

どの学年の児童も楽しい思い出となるよう配慮して、前日までにリーダーの六年生が下級生の意見をとりまとめていた。よい体験の一つとなった。

4　地域とのつながりを実感する体験活動

体験活動は、本町の地場産業に対する理解を深めるとともに、産業を維持して発展させることの苦労や、郷土のよさ・可能性を体験する機会となっている。

(1)　食農教室の実施

令和二年度もJAきょうわの青年部の協力をいただき、学校園で三年生によるスイカやメロンの苗の植え付け体験学習を行うことができた。

地元のブランドを維持するのに一役買っているスイカやメロンの選果場の見学にはじまり、実際に苗を植え付けて収穫するまでを体験した。

植え付け後、子どもたちは草取りなどの作業をするが、JAきょうわ青年部の方に生育状況を見ながら定期的にお世話をしていただいている。

令和二年度は、収穫時期近くにカラスによる食害が初めて発生し、子どもたちは少しがっかりしたが、収穫の際、糖度を測ったところ、ブランド品と変わらぬ甘さがあり、大喜びをしていた。

(2)　米作り体験学習

これまでは学校田での米作りだったが、令和元年度から農業経営の保護者の田んぼを借りて、五年生が米作りを体験をしている。

例年六月に田植えの予定だったが、新型コロナウイルスの影響により子どもたちは体験できなかった。九月の稲刈り、十月の脱穀は体験はすることができた。

例年であれば、体験学習でお世話になった農家の保護者の方を招待して、収穫した米を使った調理実習となるのだが、令和二年度の会食はできなかった。

五年生では、社会科と関連させ、農業や食料生産について学習を深め、共和町の基幹産業の重要性を認識する。

これらの活動を通して、一つの事業を成功させるには人と人が協力して進めることが大切なことや、自分たちの日常生活は、多くの人々の支えがあって成り立っていることに、子どもたちは気付かされる。

子どもたちには、収穫の喜びだけではなく、お世話になった方や支えてくださった方への感謝の気持ちを忘れないよう働き掛けている。

三　おわりに

本校では、人権教育を推進するに当たり、特別に新しい取組を行うのではなく、人権教育の全体計画と照らし合わせ、これまで進めてきた教育活動について、どうとらえ直しをするかを、教頭・教務主任が中心となり教育課程委員会で検討し、教職員に方向性を示している。

その後、担当分掌が計画・立案を具体化する際、他者とのつながり・関わりを大切にし、発達段階に応じて児童の自己肯定感が高まるよう、内容の改善・充実に努めている。このような取組の積み上げにより、教職員の人権を尊重する意識が高まり、子どもたちが自他のよさや可能性を認め合う場面が多くなってきた。

子どもたちには、もしも相手を不愉快にさせたり、傷つけるようなことを言った時には、自分の悪いところを認め、素直にごめんなさいと謝ることの大切さや、自分がされたら嫌な思いになることは、周りの人にしないことの大切さを繰り返し伝えていきたい。

校長自身が改めて日常を振り返り、他の模範となるよう人権尊重の視点から自分の言動を見直し、人権教育を重視した教育活動を進めていきたい。

2 「特別の教科　道徳」の充実を図る学校経営

道徳教育を学校の柱に据えて

長野県飯田市立松尾《まつお》小学校長
城　田　純　子

〈本校の概要〉
本校は、長野県南部飯田市松尾地区に位置し、温暖な気候と豊かな自然・歴史・文化に恵まれた地域にある。この地区は、幾多の産業が栄え、昔から多くの人が集う。児童数七百五十名、自閉症・情緒障がい学級、知的障がい学級の他、院内学級を含め、二十九学級の学校である。大規模校のよさの一つである学年会が充実している。
学校教育目標は「まけるな」―考える子・やさしい子・じょうぶな子―で、自らの心の弱さに負けない児童の育成を目指している。また特色として、校地内には土俵が設置され、一年生から四年生まで全員参加の相撲大会を行っている。

一　はじめに

「特別の教科　道徳」が小学校で教科としてスタートした。単に一つの教科としての「道徳」ではなく「特別の」に意味がある新設である。「学校における道徳教育は、特別の教科である道徳を要として、学校の教育活動全体を通じて行うものであり、道徳科はもとより、各教科、外国語活動、総合的な学習の時間及び特別活動のそれぞれの特質に応じて、児童の発達の段階を考慮して、適切な指導を行うこと」と学習指導要領の総則に示されている。

以前は教員から「クラスではいろいろ起きるので、改めて授業としてやらなくても毎日のように道徳はしています。」という声も聞かれたが、そのような日常の生活や学習の中での行為をとらえて行う生活指導と、意図的・計画的に週一時間ずつ積み重ねながら、児童の内面を育む道徳とは区別してとらえるよう指導してきた。

長野県では、教科になる以前から、道徳の授業研究が積み重ねられてきた。教科になることで、学校全体で一つの方針をもち、どの教室でも、児童がよりよく生きるための基盤をつくることを目指した。

二　学校と子どもの実態

周りに流されやすく、自分本位の行動や、決まりを守ろうとする意識が低くなってしまうことが原因で、トラブルになる子どもがいた。しかし、そのような子どもたちも何より明るく素直な面があり、学習に意欲的に取り組んだり、学校や地域の行事にも積極的に参加したりしようとする良さがある。頑張っている姿もたくさんあるのに、自己肯定感はさほど高くないのが気に掛かっていた。

私は、この子どもたちのよさやパワーが共鳴できるような学校にしたいと考えた。そこで、令和二年度の重点を「友と学び合う授業」「こころをつなぐあいさつ・返事・無言清掃」「まけるなの体作り」を通して自己肯定感育む学校づくりを進めていこうと考えた。ところが「体作り」に関しては、残念なことに新型コロナウイルス感染症への対応の中で、この半年、ほとんど活動ができていない。相撲クラブの発足も叶わず、当然相撲大会も実施できずにいる。

他の重点に関しても、二か月遅れて六月からの通常登校の中で、少しずつ「学び合う授業」や、児童会からの「あいさつ」の呼び掛けがスタートし、体育参観に向けて学年での体育学習が始まった。

教員は、それぞれ自己課題をもって授業づくりに意欲的に向かっており、学年会を中心にまとまって協力相談体制をつくっている。学年会で出された意見は、教務学年主任会で話し合われ、校長が方針を決めていく体制が構築されている。

三　道徳教育推進教員の取組

1　体制整備

(1)　「道徳科全体計画」の見直し

道徳教育全体計画作成を目的とするのではなく、折々に見返して実際に使える指針にしたい。道徳のそれぞれの内容項目はもちろんどれも大切であるが、本校の子どもがどのような子どもになってほしいのかを示すグラン

令和２年度　道徳教育全体計画　飯田市立松尾小学校

・日本国憲法　・教育基本法
・学習指導要領

【学校教育目標】　まけるな
考える子　心豊かなやさしい子　じょうぶな子

【学校・地域の実態と課題】
・開校148年目。
・全校児童は749名。29学級。
・学校の教育活動に関心が高く、「松尾の子は松尾で育てる」という意識が根付いている。
・ボランティアが充実しており、教育活動に協力的である。
・経済的に厳しい家庭や、様々な価値観をもった家庭がある。

【児童の実態と課題】
・明るく素直で子どもらしい。
・学習に意欲的に取り組んだり、学校や地域の行事に積極的に参加したりする児童が多い。
・自分本位の自己主張の強い児童や、きまりを守ろうとする意識が低い児童がおり、トラブルの原因になることがある。
・家庭内での悩みが学校生活に影響している児童がいる。

【教職員の願い】
・安心して思いや考えを表現できるような集団を育成したい。
・他者理解を深め、相手意識のある言動ができるようにしたい。
・相手や場に応じた正しい言葉遣いや礼儀を身に付けさせたい。
・規範意識を高めたい。

【地域や保護者の願い】
・確かな学力をつけてほしい。
・健康で逞しく育ってほしい。
・友達と仲よくして、楽しい学校生活を送ってほしい。
・地域を知り、愛する学習を充実させてほしい。

【地域・家庭との連携】
・情報交換をして共通理解を図り、効果的な協力体制をつくる。（ケース会議・支援会議・幼保小中連携・学校評議員・各種通信）
・ふれあいを深める体験活動を展開する。（各保育園・地域支援ボランティア・松尾コミュニティスクール）

【本年度の重点目標】
○友と学び合う授業
○こころをつなぐあいさつ・返事・無言清掃
○「まけるな」の体づくり

【道徳教育の重点目標】
①友達と助け合い、学び合って友情を深める。（友情･信頼）
②気持ちのよい挨拶、言葉遣い、動作に心がけ、真心をもって接する。（礼儀）
③働くことの大切さを知り、公共のために役立つことをする。（勤労･公共の精神）

【各学年の重点目標】

【１，２学年】	【３，４学年】	【５，６学年】
①友達と仲よくし、助け合うこと。 ②気持ちのよい挨拶、言葉遣い、動作などに心掛けて、明るく接すること。 ③働くことのよさを知り、みんなのために働くこと。	①友達と互いに理解し、信頼し、助け合うこと。 ②礼儀の大切さを知り、誰に対しても真心をもって接すること。 ③働くことの大切さを知り、進んでみんなのために働くこと。	①友達と互いに信頼し、学び合って友情を深め、異性についても理解しながら、人間関係を築いていくこと。 ②時と場をわきまえて、礼儀正しく真心をもって接すること。 ③働くことや社会に奉仕することの充実感を味わうとともに、その意義を理解し、公共のために役立つことをすること。

【道徳科の指導方針】
○学校の教育活動全体で行う道徳教育との関連を明確にし、効果的に補充、深化、統合されるよう見通しをもって計画する。
○多面的・多角的な見方に発展したり、道徳的価値の理解（価値理解・人間理解・他者理解）を自分とのかかわりの中で深められたりするように展開を工夫する。

【学習環境の整備】

物的環境	人的環境
・整理、整頓された教室で学習をする。 ・名札や作品を美しく貼付、掲示し、所属感を高めるようにする。	・教師自らがよりよく生きようとする意志をもち、示す。 ・よりよく生きようとしている児童を受容し、尊重する姿勢で対応する。

【教科指導における道徳教育】
・視点を明確にして臨む。（３つの視点のどれにあたるか）
・道徳的価値を意識して、固有の指導を充実させる。

国語科
互いの立場や考えを尊重しながら言葉で伝え合う力を高める。思考力、想像力、言語感覚を養う。

社会科
社会的義務や責任を果たし、公正に判断しようとする公民的資質の基礎を養う。

算数科
見通しをもち筋道を立てて考え、表現する能力を育てる。

理科
自然を愛する心情を育て、生命尊重、自然環境を大切にする態度を育成する。

生活科
言葉遣いや振る舞いなどの生活上必要な習慣を身に付け、自立への基礎を養う。

音楽
美しいものや崇高なものを尊重し、豊かな情操を育む。

図画工作科
表現や鑑賞の活動を通して、豊かな情操を育む。

家庭科
家族の一員として生活をよりよくしようとする実践的な態度を育てる。

体育科
粘り強くやり遂げる、きまりを守る、集団に参加し協力する態度を養う。

【外国語活動における道徳教育】
日本人としての自覚をもって世界の人々との親善に努める態度を育てる。

【総合的な学習の時間における道徳教育】
主体的に判断し粘り強く考える資質や能力、他者と協調しようとする態度を育てる。

【特別活動における道徳教育】
・集団の一員として自主的、実践的な態度を育成する。
・所属感を高め、集団行動での望ましい態度を育成する。
・道徳的行為や習慣の指導を具体的に行う。

【特色のある教育活動における道徳教育】
・まけるな相撲、財産区有林見学、総合的な学習の時間の活動等を通して、伝統に誇りを持ち郷土を愛する気持ちを育てる。

ドデザインの「学校教育目標」及び、前述の「本年度の重点」を受けて「道徳教育の重点目標」を設定した。この重点目標は「友達と助け合い、学び合って友情を深める（友情・信頼）」「気持ちのよいあいさつ・言葉遣い・動作に心がけ、真心を持って接する（礼儀）」「働くことの大切さを知り、公共のために役立つことをする（勤労・公共の精神）」とした。

さらに、それらをつなげて、発達段階に応じた「学年の重点目標」を低・中・高学年で設定した。このようにして、こんな子どもに育ってほしいと願う姿を明らかにしつつ、道徳教育でも重点的に指導していく内容を決定していった。

児童の実態については、係や教員の印象だけで記載するのでなく、学校評価から見える客観的なデータもよりどころにした。「地域の願い」は、学校運営協議会議事録や民生児童委員会議事録等から集約して把握した。

(2)　年間指導計画の編成

学校・学年行事、教科との関連を図りつつ、全ての内容項目（十九〜二十二）のうち、道徳教育の重点にあげた項目は、全三十五時間の時間内に、複数回扱えるように配置した。ちなみに本校の重点項目は「友情・信頼」「礼儀」「勤労・公共の精神」である。その際、新しい教科書に複数回分の教材がない場合もある。

長野県には、三十年以上前から道徳の副読本として『わたしたちのみち』という冊子がある。県内の教員が学校現場の声を反映させながら、長野県の地域色豊かな内容も取り入れて作ったものである。不足の項目については、その内容を取り入れて編成したり、令和元年度まで使用していた『わたしたちの道徳』の中の優れた資料を取り入れて組み合わせた。

また、令和二年度は教科書が新しくなったことによって新たに「別葉」の作成が必要になり、授業を実際に行いながら、一年間かけて作成をしていくこととした。

(3)　道徳教育推進教員から学年へ

「特別の教科　道徳」は新しい教科であるため、全体での研修も行ってきた。しかし、一回の全体研修では、実際の授業を行う中での疑問や不安などには十分対応できない。そこで、各学年の道徳係を道徳教育推進教員との調整役とした。道徳係は、学年に応じて決定する内容について学年会で協議し、係会に持ち寄り検討する。道徳科の授業を年間三十五時間確保するためには、毎週きちんと時間割に入れていかなければならないが、行事や教科の進度に追われて流用されやすい時間でもあった。

　まず、週一回、必ず道徳の授業をすることを確認した。呼び掛けだけではなかなか達成しづらいため「○回道徳」という札を作って全学級に配付した。毎時間必ず板書の先頭に掲示することで、教師も子どもも確認できる。三十五回を書くときは達成感がある。特別に準備万端な授業でなくてもよい。まずは、教科の一つとしてきちんと授業を積み重ねていくことを呼び掛けた。道徳係は、各クラスが同一歩調で授業ができるように、道徳の授業資料を準備管理した。

　また、評価についても記録の蓄積を呼び掛け、全校で通知表や指導要録記載に向けて、意識をそろえていった。

2　授業の実践

　道徳科の授業を通して見てみると、授業後の感想に「明日から頑張りたい」でしめくくる児童が多いことが分かった。このような実態に基づいて「よいと分かっているものを書かせて終わる」ところから「分かっているけどできないことがある」自分を見つめ、本当にできるのか問い返してみる子ども、資料や友達の考えなど多面的・多角的な見方に触れ、自分なりの納得解を探す子どもになってほしいという「目指す姿」が見えてきた。そ

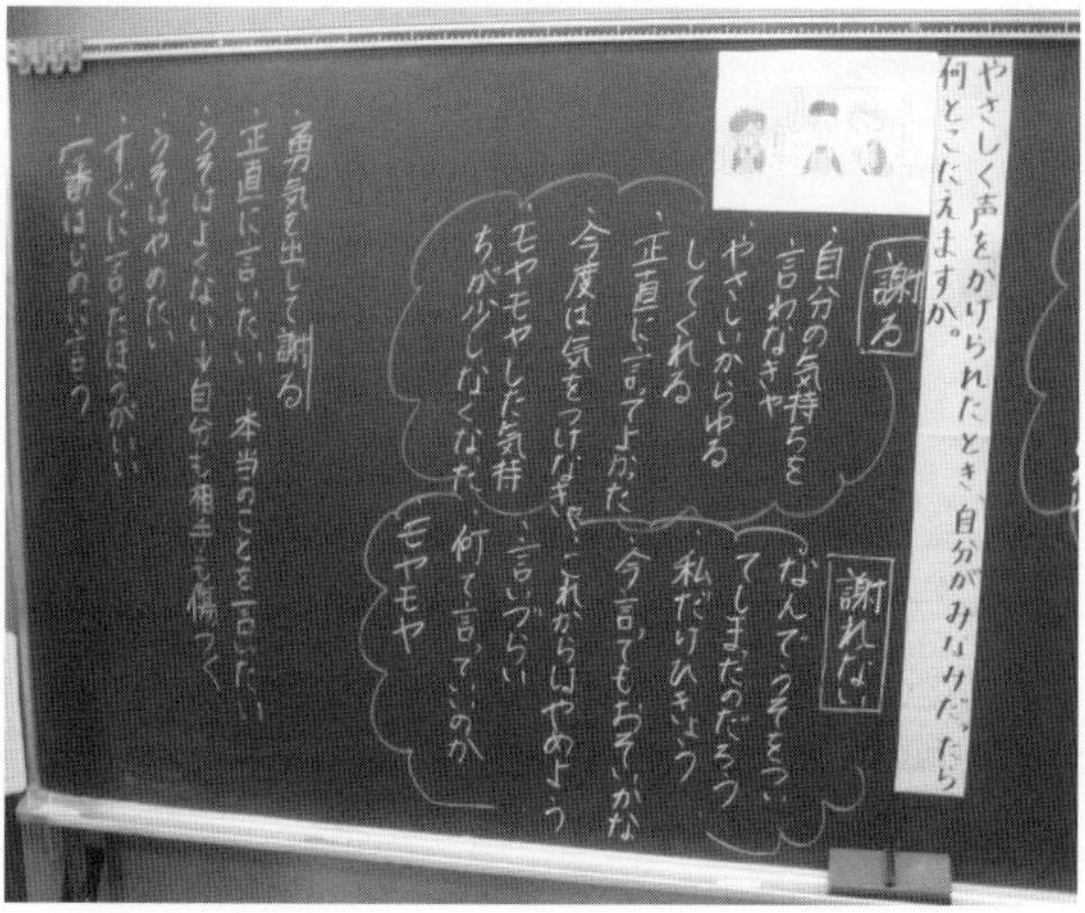

板書例

こで、主題名「自分の心に誠実に（正直・誠実）」を五年生で実践した。

一人一人の意見を受容する温かい雰囲気の中、教師の共感的な態度に安心して本音を語る子どもたちの姿があった。また、真剣に自己を見つめる個人追究も見られた。自分だったら「謝る・謝らない」を考える場面で、子どもたちの中からは、その理由について多面的・多角的にとらえた意見が出されたが、そこから学び合いにつなげることは難しかった。

授業の中で子どもが発した「嘘をついていることは、その子を大事にしていないことになる」という意見を取り上げることで、他人の受け止め方だけを意識している自分の気持ちに気付いたり、自分自身への誠実さについて考えたりするなど、多面的・多角的な学びが成立できたのではないかということが見えてきた。

3　教師・子どもの変容

道徳教育推進教員は、実際に道徳科の授業を進める中で「まず教師が変わった。授業しながら自らも振り返るようになった。自分だって十分な道徳的な実践ができていないのに、子どもばかりに求められない。子どもを丸ごとを受け止められるようになった。子どもを見る目が変わった。子どもの一生懸命な学びに感動し、いとおしく思う気持ちが大きくなった。子どもの成長を積極的に認め、励ます姿勢が身に付いた」と振り返っている。

授業の様子

また、共に重点教科研究を進めている授業者は「道徳科の授業を毎週積み重ねていくことで、授業の流れができてきて、子どもたちがじっくり自分を見つめる時間ができるようになってきていると感じる」と振り返り、今後さらに、多面的・多角的な考えをもとに学び合いができる授業づくりを目指し、日々の授業に向かっている。

どの授業にも共通するかもしれないが、私は子どもと教師が、授業の中で真摯に向き合い、あるがままの子どもの姿を受容することを何より大事にしたい。そして、即効性はないが、ゆるやかに心を育んでいく教育に心を向けながら、子どもの心に種をまき続けることを願う。

四　おわりに

令和二年度は新型コロナウイルス感染症による臨時休業により、本校でも一学期七十四日の登校日が五十三日となった。臨時登校や分散登校を含めると六十日程度にはなるものの、時数確保では、どの教科も苦心している。その中で、道徳科は、複数重なっている項目の中で優先順位を付けていくつかを削減した。実質的には今後の調整次第で、三十五時間の確保も可能かもしれないとの見通しをもつことができた。

また、今年は放送でしか実施していないが、校長講話や校長室前の黒板掲示を通して「目指す子ども像」に向かって努力する子どもの姿を積極的に発信していきたい。

道徳科の授業づくりは、まだこれからである。今後の課題は、家庭への発信、地域との連携である。新しい教科としての道徳の学びを知ってもらい、家庭でも、子どもと語らうことができるような発信を考えていきたい。地域の中には「まけるな」の学校教育目標が位置付いており、コロナ禍の中で、大いに使ってくれている。学校運営協議会にも、道徳科の取組を知っていただく場を設け、今後も地域ぐるみで「目指す子ども像」を共有していきたい。

学校づくりは子ども一人一人からである。そのためには、教師自身が可能性を信じて、よりよく生きようとする意志を持ち、子どもたちに示す。そして、迷いながらもよりよく生きようとしている子どもたちを受容し、尊重する職員集団になっていきたい。校長もその意志を強くもって学校づくりを進めていきたい。

3 外国語活動・外国語科（英語）の充実を図る学校経営

地域素材を活用した、人材育成としての取組

島根県鹿足郡吉賀町立柿木《かきのき》小学校長

田中茂秋

〈本校の概要〉

本校は、島根県の西部にあり、山口県、広島県とも隣接する人口約六千名の小さな町である。清流高津川の豊かな自然に恵まれ、夏には鮎を求めて全国から釣り人も集まってくる。本校は、地域の方の愛情、支援を受けながら大切にされてきた学校である。児童数五十七名（八学級）である。

教育目標は、「ともにのびよう　かしこく・やさしく・たくましく」とし、児童も職員も共に切磋琢磨し伸びていくことを目指している。本校の教諭が教職大学院で、外国語活動・外国語科について学んでいることもきっかけとなり、取組の充実を図っている。

一　はじめに

1 「サクラマス・プロジェクト」

吉賀町では、「ふるさとでの、学びや体験をもとに、いつの日かふるさと吉賀町を支える人材（財）の育成」を基本理念とし、地域と学校が一体となり、保育所から、小学校、中学校、高等学校までの子どもたちを育てていこうという熱の込もった事業が展開されている。

サクラマスというのはマス科の淡水魚である。吉賀町の川で孵化し、海で育ち、いずれ海から遡上し吉賀町の川へ戻ってくる習性がある。それを吉賀町の子どもたち一人一人に例え、町を支える人材となり戻ってくる、との願いが込められた町単独の事業である。これを「サクラマス・プロジェクト」と呼んでいる。

その目指す子ども像として次の四点があげられている。

①地域の様々な人と交流し、力を合わせることができるサクラマス

②地域の環境資源を生かした学びを基に自分と向き合うサクラマス

③地域の現状を知り、ふるさとの未来に向けて行動できるサクラマス
④地域の中での学びを通して、広い視野を身に付けるサクラマス

令和二年度からは、第二期としてＳＤＧｓの視点も加えた活動に取り組み、次世代を担うために必要な創造性・協調性など「非認知能力」の向上を目指している。

この事業で児童・生徒に育てたい、身に付けさせたい非認知能力には、十四の力が具体的に上がっている。

吉賀町で育てたい「非認知能力」十四の力

忍耐力／当事者意識／挑戦する力／表現力／メタ認知／向上心／計画力／想像力／協働する力／思考力／失敗から学ぶ力／内省力／行動力／広い視野

さらに吉賀町の人口に占める外国人住民の割合は県下トップの三・五％である。中国、ベトナムからの技能実習生が多くなっており、吉賀町では、多文化共生への取組も重点化され、共生社会を築いていくことも喫緊の課題として挙げられている。

２　本校の学校経営

本校の児童は、明るく素直である。学年を超えて仲良く遊ぶ姿や授業中に一生懸命に学習に向かう姿も見られる。教師の話もしっかり聞き、実践しようとする誠実さもある。人間関係も幼い頃から少人数で、お互いのことをよく分かっているがゆえ、安心して行動できている。

その反面、言葉でのコミュニケーションが十分でなくてもお互いの言いたいことが分かるような姿、初めての集団の中では臆してしまい、十分に自分の言いたいことが言えない姿も見られることが課題であると考えている。

サクラマス・プロジェクトを通して吉賀町で育てたい「非認知能力」十四の力のうち、特に、「挑戦する力」や「表現力」を身に付ける必要があるのではないかと、教員はとらえている。

本校の学校経営は、「ともにのびよう　かしこく・やさしく・たくましく」を教育目標とし、職員も児童もみんなが向上していくことを第一としている。目指す児童像において、「しっかりと考え表現する子」「苦手なこと

にも挑戦する子」をあげ、全職員で、共通理解の下、取り組んでいる。

令和二年度は、児童会活動で、全校で交流しながら、学校の課題を解決するような取組も計画していたが、新型コロナウイルス感染防止への配慮や授業時数の確保を優先することで実施が難しくなった。限られた教育課程の中で前述の課題にも取り組もうとしている。外国語活動、外国語科（英語）での取組の一端を紹介したい。

二　外国語科（英語）を通しての取組

本校は、山間部の小規模校で、児童は落ち着いて学習に取り組んでいる。英語の学習塾もないので児童間の英語に関する意欲や能力の差は小さい。また、外国の文化や英語に触れる機会も少ない。そこで、外国の出来事や、大きな都市の実態に合った内容よりも、柿木地区の身近な素材や児童の生活に近いものを教材として取り入れることで、児童の学習に対する意欲が高まったり、学習の定着がしやすくなったりして、学習が活発になるのではないかと考えた。実際に本校児童三学年以上四十五名にアンケートを取ってみると、一〇〇％の児童が、「住んでいる地域のことが好き」と言っている。さらに自分たちの地域の自然や人のよさを九八％の児童が伝えたいと言っている。地域に対する肯定的感情を授業に生かしていくことは、教育効果を確実に高める。

本校の外国語活動・外国語科の体制としては、吉賀町教育委員会のバックアップを得ている。有能なＡＬＴに加え、日本人の小学校外国語活動の担当者がいることが心強い。常にＡＬＴと行動を共にし、授業の打ち合わせや、授業者へのアイデア、ＡＬＴと学校との共通理解を誤解のないものにしている。この役割は、学校にとってはありがたく、担任とＡＬＴの力を十分に発揮するためには有効であると常日頃から感謝している。

次に特に効果の出た取組を紹介していく。

1　三年生「柿木 How many? クイズをしよう。」

三年生は、総合的な学習の時間で高津川について学習をしている。総合的な学習の時間と外国語活動を関連付け、高津川の鮎、加えて棚田米や神楽などの地域素材を教材化することで、児童の意欲が更に高まるのではないかと考えた。

この授業では、ひとりの男子児童の成果を伝えたい。この児童は、意欲は高いが、内容の理解に時間がかかることが多い。総合的な学習の時間と関連付けた単元構成で授業を行った。「柿木 How many? クイズをしよう。」に向け、鮎の数を友達に教えて英語で答えてもらうクイズの準備を進めたところ、普段以上に積極的だったことと、二十までの数を英語で言うことを自主的に繰り返し取り組んだことで定着を図ることができた。特に eleven は、発音もよく友達からもそれを称賛され、自己肯定感も高まっている様子が伝わってきた。その後の外国語活動の取組も積極的になり、内容の定着もよくなってきている。

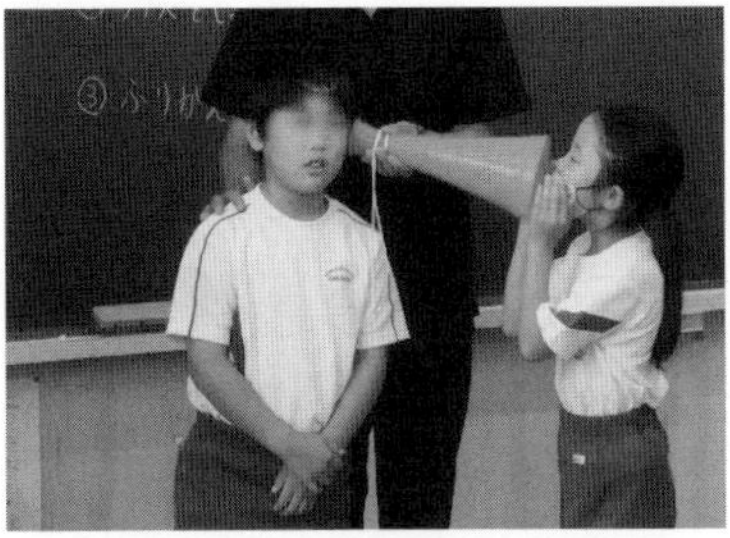

授業風景

志賀川の鮎

2　五・六年生『WORLD DAY in Kakinoki』

児童がたっぷりと英語に触れるために、近隣の津和野町のＡＬＴや留学生との交流を行った。異なる文化について体験的に理解すること、さらに、インプットだけでなく、児童自身のことや柿木地区のよさをゲストに表現していく力を高めることをねらいとし、令和二年度七月末に実施した。この会は、吉賀町サクラマス・プロジェクトの「子どもと先生夢ゆめ企画」に採択され資金面の応援をしていただけた。当日はゲストとして、アメリカ出身の方三名、イタリア出身の方一名、韓国出身の方一名の五名の方々にご協力いただいた。

《当日のプログラム》

(1)　World Corner

ゲストから十五分ずつ、自国のことや自分のことをプレゼンテーションしていただいた。児童はグループで五か所をローテーションしながら話を聞いたり、質問をしたりした。

(2)　Let's talk about Kakinoki

児童が一学期に学習した自己紹介に合わせ、柿木地区で紹介したいことをグループごとにクイズ形式で紹介した。全て英語で紹介することを試みた。

(3)　Let's play

吉賀町のＡＬＴが物のある部分を拡大したものを提示し、児童とグループに振り分けられたゲストが一緒になって答えた。

会の初めは、距離感があったが、この活動になると身

プレゼンテーション

ゲストと一緒に答える

グループごとに紹介

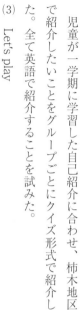

体的距離も心理的距離も近くなっていた。英語と日本語が入り乱れた会話で一緒に答えを考える様子は、児童にとって外国の方々との良いコミュニケーションの機会になった。

三　考　察

一人の児童の『WORLD DAY in Kakinoki』の感想を紹介し、その内容について考察を加えた。

〈今日は色々な国の人と触れ合うことができて、もちろん勉強になったし、色々なゲストと英語でふれあうことができてとても楽しかったです。ゲストの方からのその国のお話を聞いている時も、その国のいいところや、こんなことが外国ではあるんだなと知ることができてうれしかったです。知ったことを家で話してみると「知らんかったぁ。」や「そうなんだぁ。」という言葉が聞かれたので、この『WORLD DAY in Kakinoki』の学習をすることができてとてもよかったと感じています。また、柿木にたくさんのゲストの方々に来ていただきたくさんの勉強をしながら、楽しんで英語や韓国語、イタリア語などの外国の言葉にふれあっていきたいです。わたしは、ゲストの方が英語でしゃべっている時に、だいたい、どんなことを言っているのかなと想像してその質問に答えることができました。長くてスラスラいう英語はあまり聞いたことがなかったので、聞き取ることができて、とてもうれしかったです。今日で、私はもともと好きだった英語がもっともっともっと好きになることができました。来年もやりたいなぁと思います。〉

この感想から、柿木地区へ外国の方々に来ていただいて、能動的に関わることで、自分の興味が高まり、さらに外国語が好きになったことが伝わってくる。さらに上を目指して挑戦しようという気持ちも伝わってきた。机上の英語だけでなく、生の外国のヒト・モノ・コトに触れさせる有用性を再確認することができた。

また、三年生の実践からは、自分たちの身近なことを取り上げることが児童の学びに有効であることはこれまでも言われてきたが、外国語活動でも同様にそれが有効であることが実証できた。身近なこと、その中でも大好きな郷土のことを教材にすることは、特に中学年などの発達段階を考慮した時には、表現することや苦手なことに挑戦することにもつながっている。伝えることのイメージがとらえやすく、初めての外国語活動に対するハードルが下がって児童が取り組みやすくなり、より意欲が増すというよい循環が生まれることが分かった。今後も外国語活動や外国語にもこの考えを生かしていきたい。

　表現することや、苦手なことにも挑戦する力を身に付けるという本町の児童生徒に求められている「非認知能力」を身に付けるという視点で、外国語科（英語）、外国語活動にも取り組み、吉賀町のサクラマス・プロジェクトで育てることを目指している将来を担う人材づくりに役立てていきたい。

四　おわりに

　この吉賀町、柿木地域にも外国の方が増えてきている。世界が身近になり、外国への親近感が増している。それらの人々とコミュニケーションを図ることができれば、児童の人としての関わりの幅も広がるであろう。そして、世界で活躍する、または、世界から吉賀町を応援する人も生まれてくるかもしれない。そのためにも小学校での外国語科の必要性を感じている。この度の児童の姿を見ながら、その気持ちが更に強くなった。

　併せて、ふるさとや日本のよさも十分に感じさせることも忘れてはならない。自分の生まれ育った町の誇りも育て、世界と対等に関われる子どもたちを育てていきたいと考えている。

4　プログラミング教育を推進する学校経営

教職員の主体性と協働を通したプログラミング教育の実践

茨城県神栖市立深芝《ふかしば》小学校長
方波見　諭

〈本校の概要〉

本校は、東は鹿島灘、南は利根川を経て千葉県に接する鹿島臨海工業地帯の拠点として開発が進められてきた神栖市の市街地にある。平成十七年、人口増加に伴って分離新設された比較的新しい学校で、オープンスペースを効果的に配した校舎に、五百六十一名の児童が学んでいる。

本校では、学校教育目標に「心豊かでたくましい、自ら学び自ら考えて実践できる児童を育てる」を掲げ、子どもの夢を育み、笑顔に出会える温かい学校づくりを目指して、教育活動を推進している。

平成三十年度小学校プログラミング教育推進事業モデル校（協力校）に指定され、市教育委員会との連携を図りながら、児童、教師共に進んで楽しく学び合うプログラミング教育への取組を行っている。

一　はじめに

令和二年四月に全面実施となった小学校の新学習指導要領で新しく導入された内容は、「英語」（新学習指導要領の表記では「外国語」）、「道徳」（「特別の教科である道徳（＝道徳科）」）、そして「プログラミング教育」である。特に、これまで各学校の裁量に任されていた「プログラミング教育」が必修化されたことは、学校関係者に少なからぬインパクトを与えた。全面実施までの限られた時間の中でどのような準備をし、全面実施に当たっては、そのねらい通りの成果を上げることができるのか、学校現場はもとより行政側にとっても、対応力が試される喫緊の課題となった。

本校における取組を検討する時点で、校長としてまず漠然と描いたビジョンは、「全ての教職員が同じ目標を目指し取組を徹底する」「実践することを通して、モチベーションが高まった状況を創り出す」「評価と改善を繰り返しながら継続させる」であった。

そこから段々とイメージを明確にしていけば、新しい課題への挑戦となり、トップダウンを強く押し進めなくても目指す目標は共有できると考えた。プロジェクトによる時限的な取組や、試行錯誤の中で継続的な取組を徹底するためには、緻密なマネジメントとリーダーシップが必要となる。モチベーションは、外部との効果的な連携で生かせる、との構想が浮かんできた。

さらに、思いの到達点として、本校教職員が主体的に判断し、同僚性を生かして協働的に進めながら研修文化を拡める。あるいは、切磋琢磨しながら子どもたちと共に伸びていく、そんな姿を強くイメージしたことで本研究に真剣に取り組む覚悟ができた。

本稿では、全面実施の二年前に遡って、校内研修を柱としたプログラミング教育推進のための具体的な実践と、校長としての関わりについて紹介する。

二　具体的な取組について

1　初年度「準備期」の取組について

(1)　目標を共有し、取組の全体像を周知する

校長の構想の中にある課題意識がどれほど鮮明であるか、そしてそれを教職員に紹介・説明する説得力のある表現ができるかが最初の大きな課題である。特に、新学習指導要領の実施に向けての課題は多方面にわたっており、自分自身でも他の課題への取組とのバランスをどのように取っていくのか、明確に仕分けすることが難しい。

ただ、外国語（英語）や道徳のように、これまでの経験からある程度の見通しがもてるものと、漠然とした不安の中で、何から手を付けてよいか分からないプログラミング教育とでは、明らかに教職員の研修ニーズは異なる。そこで、年度当初の校内研修全体会では、そのニーズに対して解決のための方向性、見通しがもてる取組の全体像（次頁図1）を校長がはっきり示し、教職員の主体的な意欲を喚起することに注力した。そして同時に、全てを準備して全面実施の令和二年度を迎えるために焦るのではなく、他の課題とともに、確実な実践と改善を重ねながらじっくり「授業づくり」を進めることが大切であること、プログラミング教育推進への取組そのものを、他の課題解決のための資産とすることを説いたのである。

図１　情報教育（プログラミング教育）推進に係る
カリキュラムマネジメント構想図

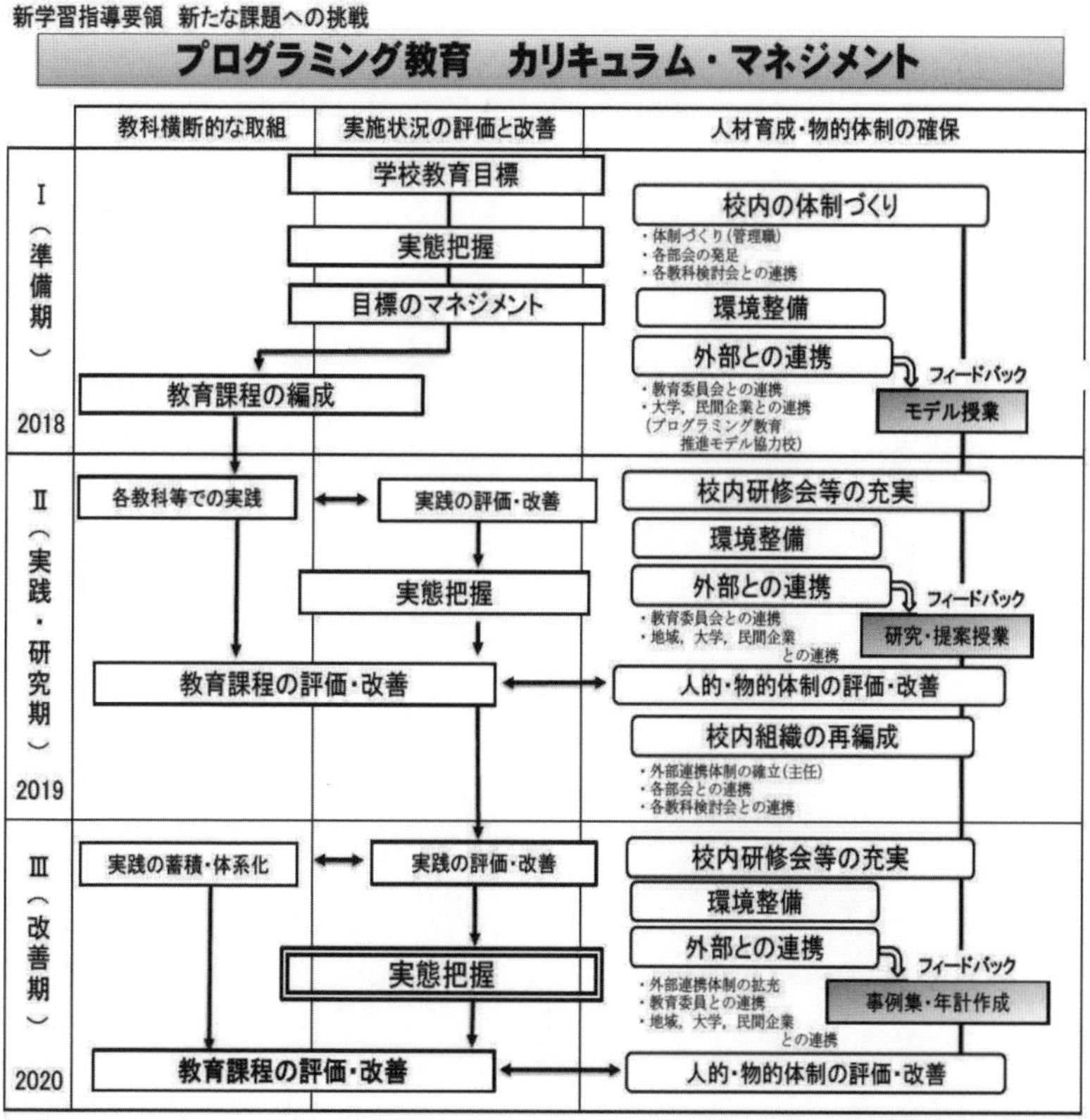

(2) 行政機関と連携し校内推進体制を支える

準備期においては、主体性が重視される校内研修と教育委員会等が主催する比較的規模が大きく強制力の強い研修とを意図的に交差させるのが有効であると考えた。そこで、校内においては関心の高い教員を集めた校内推進委員会を組織して情報収集や先駆的な実践を行い、他方で理論的な裏付けや取組に対するフィードバックが得られることを期待して教育委員会等の企画への関わりを模索した。

奇しくも、県の義務教育課が指定した「プログラミング教育推進モデル校（先進的取組をしている学校）」の実践協力校募集に対して、市の教育委員会との相談の結果、市内でのモデル校と併せて本校がその役割を担うこととした。

(3) 段階的な取組を行い、専門的視点からフィードバックを受ける

研修に取りかかるに当たって、校内推進委員会のメンバーが意欲的に情報収集等を進め、プログラミング教育推進のための校内環境（人、もの、こと）について分析を行った。その中で、本校教職員にとって、①「プログラミング教育について知る（理論研修）」、②「未経験者が取りかかれるきっかけを作る（教材体験）」、③「全ての教職員がプログラミング教育に触れてみる（授業公開）」の三段階で進めていくことが、準備期においては必要であろうという結論に達した。

特に、③の授業公開については、県の推進事業の協力校として、大学教授等による専門的な見地からの授業づくりサポートを受けられることになり、校長のマネジメントも含めた自分たちの取組に対するフィードバックの意味合いで貴重な機会となった。

①理論研修…県教育研修センター校内研修支援
　情報教育担当指導主事による講義

②教材体験…グループ研修「アンプラグド」「スクラッチ」「レゴ」「メッシュ」

③授業公開…金沢星稜大学／佐藤幸江教授　他招致

○第一回　八月　夏季休業中の校内研修（模擬授業）
第三学年　国語「すがたをかえる大豆」
第五学年　家庭科「食べて元気に」
※「順序」、「条件分岐」、「繰り返し」のフローチャートを使った模擬授業を通して、プログラミング的思考の有用性を共有

○第二回　十月　校内研修・市内教職員への公開
第五学年　家庭科「食べて元気に」
※児童が、試行錯誤により本時のねらいに迫っていく学習活動の様子を公開

○第三回　十一月　校内研修・市内教職員への公開
第三学年　国語「すがたをかえる大豆」
※アンプラグドコンピュータ授業のまとめ
※教科のねらいに迫るプログラミング的思考の育成への意識付け

○その他　二月　市内教職員への公開及び研究協議
第五学年　算数「正多角形と円」
※コンピュータソフト「スクラッチ」を使った学習活動の公開及び市内各校の取組状況を共有

2　二年次「実践期」の取組について

(1)　人材育成を図り、新たな目標を設定する

初年度「準備期」の取組においては、校内推進委員会に積極的に関わりながら進捗状況に応じて指導助言を行ってきた。その成果として、全ての教職員がプログラミング教育に対する漠然とした不安を払拭し、本来の目標である子どもたちの資質・能力の向上に意識が向かっていることが分かった（表1）。そこで、二年次の取組としては、プログラミング的思考を学ぶ学習を、教科・領域の学習活動にどう位置付ければよいのか、という点に絞って進めていくこととした。

文部科学省が提示する「小学校段階のプログラミングに関する学習活動の分類」における分類Aに該当する部分である。取組に際しては、初年度のような校長からの発信をできるだけ控えながら、校内推進委員会のメンバーから研究主任を指名し、その主任を中心に進めていった。それには、更なる同僚性の高まりと、より実践的な課題解決へのアプローチ、併せて、学校だけにとどまらない地域の推進役としての人材育成を図っていくというねらいがあった。

表1　プログラミング教育の授業実践に対する教師の意識調査の結果
（令和元年10月15日実施　本校教師25名）

質問1　プログラミング教育の授業実践について、課題を感じていますか？

課題を感じている	20人
どちらかというと課題を感じている	3人
どちらかというと課題を感じていない	2人
課題を感じていない	0人

質問2　どのようなことに課題を感じていますか？
（複数回答，主な回答）

各教科の学習内容と関連付けること	20人
プログラミング的思考を育てること	15人
年間指導計画を作成すること	9人
評価を行うこと	9人
単位時間の学習指導に見通しをもつこと	9人
単元の学習指導に見通しをもつこと	8人

⑵　実践数を増やしながら、自分事としての課題を明確にしていく

まず、研究主任に対して、前年度の取組の成果と課題を整理させ、実践研究のための研究主題を設定させた。そして、研究主題を基に、県教育研修センターへ内地留学に送り出した。同時に校内研修においては、「どのようなプログラミング的思考」が「どのような学習活動」を通して育むことができるのか、また、プログラミング的思考によって「どのような教科の目標を達成することができるのか」「資質・能力」を意識して各学年、教科において実践数を増やし、誰もが授業づくりにおいて見通しをもつことできるようにすることを目指した。

⑶　提案授業を公開し、共通実践の成果をまとめる

校内研修では、校内推進委員会を中心に、指導案やワークシートを協働で作成するなど、着実に実践数を増やしていった。校長としては、できるだけ授業観察やグループ研修に参加しながら、助言や資料提供などに徹するとともに、研修の枠組みは示しながらも、各教員からのアイデアを実践に繋げることを進めていった。そこに、研究主任が研修センターにおける内地留学の成果をもち込み、二年次の提案授業を市内の教職員に公開した。

○研究主題「プログラミング的思考の育成に着目した授業づくりの方法に関する研究」

――授業づくりの方法の開発と校内研修での実践を通して――

第三学年　算数「かけ算のしかたを考えよう」

第四学年　国語「ごんぎつね」

※「授業づくりの方法についての手引き」を作成して共通実践

3　三年次・完全実施「改善期」に向けて

二年間の研修の積み重ねから、いよいよ全面実施の年となる三年目。教育実践の継続によって最終目的である「子どもたちにプログラミング的思考が育まれた状態」について検証し、授業の改善や教育課程の再編成を行っていく段階である。これまで取り組んできたことを日常の行動へと移していくためにも、校長の粘り強いフォローアップは不可欠である。

その具体策として、教員一人一人に研修後の行動計画

資料1　プログラミング的思考を育てる授業づくりの手引き

授業の展開に見通しがもてる！

プログラミング的思考を育てる授業づくり

授業づくりとは？
プログラミング的思考を育む学習活動と，各教科の学習活動を結び付けます。そして，その学習活動と教科の目標とのつながりを確かめ，「どのような学習活動を通して，どのような教科の目標を達成するのか」という見通しをもてるようになるまでのことです。

用意する物
○ **学習活動一覧**
プログラミング的思考を育む学習活動が載ってます。
○ **学習指導資料**
各教科の年間指導計画や学習指導書などです。
○ **ワークシート**
ワークシートの手順に沿って記述することで，授業の展開に見通しをもてるようになります。

⑦ **進め方**

用意する物
学習活動一覧

ステップ1　プログラミング的思考を育む学習活動をイメージする
これまでの学習指導を振り返り，学習活動一覧に示された学習活動が，どういった教科や単元と結び付くかイメージしましょう。

学習活動一覧
学習指導資料

ステップ2　各教科の学習活動から探す　★A
学習指導資料（各教科の年間指導計画や学習指導書など）を使い，各教科の学習活動の中から似た学習活動を探し出しましょう。

学習活動一覧
学習指導資料
ワークシート

ステップ3　教科の目標を確かめる　★B
ワークシートに記述しながら，ステップ2で探し出した学習活動を通して達成する，教科の目標を確かめましょう。

ワークシートへの記述例

プログラミング的思考（ 条件に応じて分ける ）を育む学習活動
↕
教科の学習活動［リトマス紙の反応により，水溶液の性質を確かめる］

↔

教科（ 理 ）科
単元名（ 水溶液の性質 ）
目標
［水溶液には，酸性，中性，アルカリ性の三つがあることを理解することができる］

⑧ **★A**
学習活動一覧を参考に，学習指導資料と見比べながら探していくと，ステップ2がスムーズに進みます。

★B
探し出した学習活動は，教科の目標を達成するためのものです。学習活動と目標がつながっているか確かめましょう。

を立てさせることを考えた。これにより、三年次以降も、研修内容を実践するモチベーションを維持することができると考えた。

さらに、行動計画を実行に移しているか、その結果はどうなのかを授業観察や面談等によって継続的に評価することも重要である。研究主任に対しては、市内の研究部や教育委員会と連携しながら、「情報活用能力の系統表」や「モデルカリキュラム」、各教科・領域の年間指導計画への組込について、分担して作成することを提案した。

三　おわりに

本稿の執筆を行った令和二年八月現在、二年間かけて進めてきたプログラミング教育のカリキュラム・マネジメントは停滞してしまっている。臨時休業等による学習の遅れの解消、新型コロナウイルス感染症拡大防止のための新しい生活様式への対応、オンライン、オンデマンド授業の実施と検証、そして、ＧＩＧＡスクール構想の前倒しによる一人一台学習用端末支給の準備と活用等々。

前例のない状況の中で、目の前に山積した課題に対しどのように取り組んでいくのか、正直なところ、見通しがもてない状況である。

５年生家庭科「食べて元気に」

ただ、教職員や子どもたちの表情は決して暗くないのである。様々な制限や限られた条件の中でも新しいアイデアがあちらこちらで生まれ、試行錯誤を楽しんでいるかのようにさえ思える。プログラミング的思考が……というにはあまりにも過大評価のしすぎではあるが、本校に育っている主体性と協働性については、信じて期待したいと強く思っている。

5　オリンピック・パラリンピックを生かした学校経営

オリンピック・パラリンピックを子どもたちの財産に

東京都連雀学園《れんじゃくがくえん》三鷹市立南浦《みなみうら》小学校長
藤原和彦

〈本校の概要〉

本校は昭和三十五年に開校し、令和二年度で開校六十周年を迎えた。平成二十年には、隣接する第四小学校・第六小学校・第一中学校とコミュニティ・スクールを基盤とした小・中一貫教育校連雀学園として新たにスタートした。近隣の農地が大規模マンションになった影響で、ここ数年児童数が増加し、令和二年度は八百四十名を超えた。難聴言語通級指導学級や特別支援教室（拠点校）も併設。

本校の教育目標「よく学ぶ子ども・よく遊ぶ子ども・よく働く子ども」のもと、平成二十五年度から「創《う》み出しかかわり　高め合う児童・生徒の育成～知的コミュニケーションを活かした学び～」を研究主題に掲げ、学園全体で研究に取り組んできた。この間、二度の三鷹市教育研究協力校としての発表や東京都小学校体育研究会研究推薦校としての発表を通して成果を発信している。

一　はじめに

二〇一三年九月、アルゼンチンで行われた国際オリンピック委員会総会で二〇二〇年（令和二年）東京でのオリンピック・パラリンピック開催が決まった。一九六三年（昭和三十八年）長野県に生まれた私は、前回の一九六四年東京オリンピックの記憶はほとんどない。しかし、一九七二年札幌での冬季オリンピックや一九九八年の地元長野オリンピック、そして二〇〇二年に開催された日韓サッカーワールドカップが、日本の人たちにどれだけの財産を残したのか、直接その影響を身近なところで、観たり感じたりしてきた。その感動が自分の人生に大きな影響を与えてくれた。だからこそ、当時副校長だった私は、七年後の開催に向けて大きな夢を描いていた。

二〇一四年四月、本校に校長として着任した。時を同じく東京都でもオリンピック教育を推進し始めた。かつて味わった感動を、子どもたちが直に体験することで、その後の人生に大きな財産を残せるのではないかと考え、オリンピック・パラリンピック教育を学校経営の重点に据えて取り組むことにした。

二　オリンピック・パラリンピック教育を学校経営の重点に

平成二十六年度、本校は東京都オリンピック教育推進校に指定されていた。そこで、オリンピアンによる一日校長として、アトランタ五輪の銀メダリストで元プロ野球選手の今岡誠氏を招聘して、高学年に向けて授業を行った。子どもたちは、実際に一緒に体を動かすことで、運動する楽しさを味わった。体を動かした後には、運動を長く続けるためのコツや壁の乗り越え方などを、実体験を交えて話をしてもらった。子どもたちは、実際に会わなければ分からないエピソードに興奮を隠せなかった。

この取組自体は意義があったが、年間を通して振り返ってみると、単発のイベント的なことしかできなかった。私たちが味わった感動を子どもたちにも味わわせてやりたい。そのためにはオリンピック・パラリンピック教育を、新たな考えのもと、より一層意図的・計画的に進めていかなければならないと考えた。

1　オリンピック・パラリンピック・プロジェクトの設立

平成二十七年度になり、組織的に進めていくために、低・中・高・専科からなるオリンピック・パラリンピック教育プロジェクト（以下ＯＰＰ）を立ち上げた。オリンピック・パラリンピック教育は新たな教育内容である。思い切った大胆なことも計画できるよう、プロジェクトのメンバーは、全て本校初任者か教員経験六年目までの若手教員に任せた。そしてプロジェクトリーダーを中心に具体的な方策を考えさせ、以下の取組を実践させた。

(1)　全体計画と学年ごとの指導計画の作成

まずは、新しいことを始めるのではなく、今までの教育活動をオリンピック・パラリンピックの観点から整理して、全体計画と学年ごとの指導計画を立てさせた。これによって、オリンピック・パラリンピック教育は特別なことではなく、日常の学習活動と繋がっているのだという教員の意識改革を進めることができた。

(2)　オリンピック・パラリンピック給食

すぐにできることとして、ＯＰＰから月に一度、各国

資料1　令和2年度　オリンピック・パラリンピック教育全体計画

連雀学園三鷹市立南浦小学校

オリンピック・パラリンピックの価値・精神

〇卓越　〇友情　〇敬意／尊重
〇勇気　〇決断力　〇平等　〇鼓舞

学園の教育目標

〇学び続ける人
〇共に生きる人
〇心と体を鍛える人

学校の現状等

・オリンピック・パラリンピックに関連するアスリートを招聘し、交流授業を行っている。また、日本の伝統楽器の体験や鑑賞を通して文化の理解を高めている。継続して交流することで関心が高まっている。
・地域ボラティア活動を通して、ボランティアに対する意識が高まってきている。
・外国語専科や地域の留学生との交流を通して、国際理解も高まっている。
・体力向上に向けた取り組みをしているが、体力調査には結果として十分に表れていない。

東京2020大会のビジョン

〇 全員が自己ベスト
〇 多様性と調和
〇 未来への継承

学校の教育目標

すぐれた知性と豊かな人間性を備えた心身ともに健康な児童を育成する
・よく学ぶ子ども　・よく遊ぶ子ども　・よく働く子ども

オリンピック・パラリンピック教育の目標

オリンピック・パラリンピック教育を通して次のような人間を育成していくことを目標とする。
1　自らの目標を持って自己を肯定し、自らのベストをめざす意欲と態度を備えた人
2　スポーツに親しみ、「知」、「徳」、「体」の調和のとれた人
3　日本人としての自覚と誇りを持ち、自ら学び行動できる国際感覚を備えた人
4　多様性を尊重し、共生社会の実現や国際社会の平和と発展に貢献できる人

オリンピック・パラリンピック教育の目標を実現するための基本方針

オリンピック・パラリンピック教育を推進していくうえで、以下の3点を重視する。
(1)すべての児童が大会にかかわる。
・すべての児童が、発達段階や興味・関心に応じて、オリンピック・パラリンピックに何らかの形でかかわり、意義や価値を学ぶ。
(2)体験や活動を通して学ぶ。
・単に知識を習得するだけでなく、実際に体験したり活動したりする中で学びを深める。
(3)計画的・継続的に進める。
・2020年の先を見据えた「レガシー」の継承を計画的・継続的に進める。

オリンピック・パラリンピック教育の指導方針

	学ぶ（知る）	観る	する（体験・交流）	支える
オリンピック・パラリンピックの精神	東京大会の7つの価値と、オリンピック・パラリンピックの精神、歴史、人物等について理解を深める。	これまでの大会の聖火リレーや開・閉会式の映像を観るなどして、国際親善や平和な社会の発展に果たす役割を理解する。	体育的行事や地域のスポーツ行事への参加を通して、目標に向かって努力し、困難に立ち向かう意欲を培う。	大会運営に関わる人々など、オリンピックやパラリンピックを支える多様な人々や職業について学ぶ。
スポーツ	オリンピック・パラリンピックや競技種目や障害者スポーツへの理解を深める。	国内大会やテストイベント等の機会を活用し、オリンピック・パラリンピックの各種競技を観戦・応援する。	部活動やクラブ活動、地域のスポーツ活動等への参加を奨励する。	地域のスポーツ大会等にボランティアとして参加したり、障がい者スポーツを支えているボランティアの活動を調べたりする。
文化	日本や他国の伝統・文化に対する学習の充実を図る。	視聴覚資料を活用して、日本や他国の文化的な特色について理解する。	英語によるコミュニケーションの体験を充実させるとともに、世界の多様な国々の文化を体験的に学ぶ学習活動を推進する。	様々な奉仕活動への参加を奨励し、ボランティアマインドや「おもてなし」の心を育てる。
環境	オリンピック・パラリンピックの歴史と環境問題との関わりやこれまでの大会を通じた持続可能な社会づくりについて学ぶ。	社会科見学、校外学習等の機会や、地域での生活を通して、東京都における環境への配慮やバリアフリーについて理解する。	CO2削減やごみの削減などの体験活動を通して、東京大会における環境への配慮について理解する。	地域の美化等、環境ににかかわるボランティア活動への積極的な参加を奨励する。

家庭・地域社会・関係機関等との連携

〇 トップアスリートによる講演等の実施。
〇 地域行事、スポーツ大会への参加。
〇 地域のお祭りや防災イベントへボランティアとして参加。

特色ある教育活動・校内環境の整備

〇年間を通して、持久走、縄跳びを行う一校一取組運動の推進。

〇スポーツする態度を育成することを目標に、縄跳び等を実施する一学級一実践の推進。

〇オリンピック・パラリンピック関連の校内掲示の充実。

〇日本の伝統楽器に触れ、体験する。

学校2020レガシー

〇総合的な学習の時間で、障がい者理解、オリンピック・パラリンピック教育、環境問題との関わり等を継続的に実施する。

〇運動の楽しさを味わうことや競技への興味関心の向上を図るため、スポーツ選手との交流を各学年で行っていく。

〇日本の伝統文化（昔遊びや琴体験など）を学習に取り込んだり、留学生や海外の方との交流活動を継続的に実施したりする。

の特徴のある料理を給食で出し、豆知識とともに提供することで、その国に対する興味関心が高まるのではないかと提案があり、栄養士と相談してすぐに実践した。

(3)　〇〇作戦

若い教員が多いだけに、プロジェクトの話し合いでは様々なアイデアが出された。それらを「〇〇作戦」と命名して企画させた。給食の残菜や落とし物などを減らすための「もったいない作戦」、一年生から学習している外国語活動の成果を活かして「外国の人へのおもてなし作戦」、外国の人に日本の音楽を紹介する「和楽器作戦」など、その後、単元開発が行われ、全校であるいは学年で実施されるようになった。

外国の方おもてなし作戦の学習

2　人材の確保

オリンピアン・パラリンピアン、有名スポーツ選手を招いて教育活動を行うことは想像以上に難しい。それは、外部人材とコンタクトを取りコーディネートすることは、教員にとっては最も苦手な分野の一つだからである。ここで鍵を握るのは校長をはじめとした教職員のネットワークである。プロジェクトの希望を聞いた後、私自身の三十年に及ぶ少年サッカーに関する繋がりやベルギー・ブラッセル日本人学校勤務時代の繋がりなど様々なネットワークをフル活用して、オリンピアン等を招いてきた。また都や市の事業に対するアンテナを常に高く張り、何か有益な情報が入った際には迅速に決断できるようにしておくことも必要である。

東京オリンピック・パラリンピックの実施が決まってから、多くの民間スポーツマネージメント会社から連絡が来るようになったが、信頼できる会社であれば学校の人材に対する要望や予算なども相談に乗ってもらえる。そういった人たちや職種とのネットワーク構築も校長として大切な仕事の一つであると考える。

3　育成すべき五つの資質

東京都教育委員会はオリンピック・パラリンピック教

育で子どもたちに特に身に付けてほしい資質として、次の五つを挙げている。それぞれの資質に応じた学習活動について、学年ごとの指導計画に明記しているが、常に新たな単元開発を視野に入れながら進めた。各学年の担任や専科教員、あるいは分掌組織全体で、それぞれの学習の中で、やってみたいことを単元計画に照らし合わせて改訂を加え実践できるように幅をもたせた計画を作成させた。また、児童の実態から、「ボランティアマインドの醸成」と「障害者理解」を重点的に扱うようにした。

(1)　ボランティアマインド

ボランティアについて学んだ小学生が実践できる場は、中・高校生に比べたら圧倒的に少ない。教員から出てきたアイデアをもとに、展覧会の際に、創作活動の様子や工夫したことなどを、観に来てくださった方々に説明する「子供学芸員」を行った。また市役所の防災課や地域のコミュニティセンターにお願いして、地域防災訓練や地域コミュニティセンター祭りの際にボランティアを募集してもらい、小学生が参加できるようにした。ＯＰＰの企画力・調整力により実践化が図られた。

(2)　障害者理解

オリンピック・パラリンピック教育が始まった当初は、オリンピアンに来ていただくことが多かったが、総合的な学習の時間に学習する「福祉」に関連して、パラリンピアンに来ていただく学習を中心にした。実際に話を聞くことを通して、社会の中で何が問題で、子どもたち自身が、障害のある方とどのように接していったらいいのかといった学習が深まると教員からの声が大きくなり、ＯＰＰでは毎年、同じ方に来ていただくとともに、中学年の学習に位置付けた。

毎年来ていただいている話がとても上手な、
元車いすマラソン日本代表花岡伸和さん

(3)　スポーツ志向

体力調査の結果から、本校児童の体力は全国平均と比べても多くの種目で下回っている。

そこで、平成二十八年度からは体

育科を研究の窓口にして研究と関連付けて取り組むようにした。体育の授業では運動の楽しさを十分に味わわせ、生涯にわたって運動に親しむ児童の育成を目指している。また、長縄やかけ足、リズム運動、みな☆みなタイム（運動遊び）を計画し、運動の日常化を図った取組を行った。体育部や研究部が主になって進めている。

(4) 日本人としての自覚と誇り

音楽専科教員が計画して、東京都内の高校生の和太鼓部を招いて演奏会を行った。子どもたちは、和太鼓の響きや迫力ある演奏に吸い込まれていた。さらに、地域の琴奏者を招いての演奏会や学習会を実施した。どちらも日本古来の楽器に親しみ関心を高めていた。

高校生和太鼓部を招いての学習

　また、令和元年度からは六年生が「ＳＤＧｓ」についての学習を始めた。学習のまとめには、日本人として六年生の今できることを、企業の方や地域の方々にプレゼンテーションして学習を終えた。

(5) 豊かな国際感覚

本校では、平成二十八年度から高学年で七十時間、中学年で三十五時間、低学年は十五時間程度の外国語活動の学習を行ってきた。また、外国語専科教員が加配されたので、専科教員が中心になって、単元開発を進めた。高学年では外国の方に日本の紹介や外国の人から道の行き方を尋ねられた時の答え方などを単元に組み込んだ。また近隣の大学（杏林大学・ＩＣＵ）の留学生との交流会を計画し実施してきた。（年間三～四回）

ICU 留学生との交流集会

4　オリンピアン・パラリンピアンを招いての学習

オリンピアンやパラリンピアン、有名スポーツ選手を招いての交流は、本物の選手に触れるという何者にも代え難い効果がある。本校ではＯＰＰで検討して、以下の点から選手を招くようにした。

(1)　連雀学園・三鷹市出身のアスリート

子どもたちに一番身近な選手といえば、南浦小学校出身のアスリートであるが、もう少し地域を広げ、同じ連雀学園や三鷹市出身の選手など三鷹に縁のある選手。

(2)　挫折した経験があり、子どもたちへの接し方が上手なアスリート・パラリンピアン

相手は一年生から六年生までの小学生である。素晴らしい成績を残したことも大切であるが、子どもたちの対応や講演内容、話し方などが優れている選手。

(3)　様々な種目のアスリート

可能な限り同一種目ではない選手として、陸上（短距離）、体操、サッカー、野球、車いすマラソン、車いすバスケットボール、車いすアイスホッケー、フィギュアスケート、バスケットボール、新体操などのアスリートを招聘した。

また、作家や大学教授などアスリートではないが、アスリートについて詳しく知っている方をお招きして、アスリートの凄さや努力の跡など、取材を通して知っていることなどを話してもらうことも実施した。

連雀学園出身Ｊリーガー

車いすバスケカナダ代表

作家　生島 淳さん

5　二〇二一オリンピック・パラリンピック学校観戦

南浦小学校のオリンピック・パラリンピックの学校観戦は、全学年、東京スタジアムで行われる七人制ラグビーである。熱中症のリスクを避けたスタジアムまでの移動計画など、配慮しなければならないことがあるが、生涯二度とないかもしれない、生で観戦する機会を十分に活かし、オリンピック・パラリンピック教育のファーストステージの締めくくりにしたい。

三　おわりに

本校は平成二十七年度、東京都オリンピック・パラリンピック教育推進の開始と同時にオリンピック・パラリンピック教育に学校として取り組んできた。この間、平成二十九年度・平成三十一年度、そして令和二年度と三回、教育庁のオリンピック・パラリンピック教育アワード校（事業推進部門）として表彰された。令和二年度は環境部門でもアワード校に表彰された。プロジェクトのメンバーは若い教員が多いだけに、表彰は自信になり、さらに意欲を掻き立て新たな活動へのモチベーションになった。アワード校表彰はその結果であった。任せ・見守り・称賛することは、若手を育てる基本であると改めて感じた。

最後に、二〇二〇年（令和二年）七月二十四日に開幕する予定だったオリンピック、八月二十五日に開幕する予定だったパラリンピックは、同年三月二十四日に延期が決まった。二〇一九年末から世界中を巻き込んで猛威を振るっている新型コロナウイルス。同年九月半ばの全世界の感染者数は二千九百万人を超え、亡くなられた方も九十万人を超えている。しかもまだまだ増加している。ワクチンも開発中である。東京でも同年三月二日から臨時休校になり、南浦小学校が正式に再開されたのは、年度が変わった六月二十二日からである。

東京オリンピック・パラリンピックは二〇二一年（令和三年）七月二十三日、八月二十四日にそれぞれ一年間延期になった。もう一年、オリンピック・パラリンピックに向けて学習を進められようになったと前向きに考えるとともに、二〇二一年、東京オリンピック・パラリンピックが無事に開かれることを切に願っている。

6　コミュニティ・スクール（学校運営協議会制度）を活用した学校経営

教職員の負担軽減・目標協働達成を目指したコミュニティ・スクールの推進

大分県国東市立国東《くにさき》小学校長
糸　永　敏　明

〈記載校の概要〉
前々任校の国東市立安岐《あき》小学校（筆者が平成二十八年度〜二十九年度に校長として在籍）は、大分県の北東部の国東半島に位置し、大分空港まで車で約五分の場所にある。校舎のベランダから四国の岬が望める。児童数は二百二十二名、九学級である。
学校教育目標「自ら学び心豊かでたくましい安岐っ子の育成〜自分から進んでする子どもの育成〜」の具現化に向け、特に自尊感情を高めるために「ほめて（承認して）育てる」ことに重点を置いて取り組んできた。

一　はじめに

国東市は平成十八年に四町が合併してできた人口約三万人の市である。安岐小学校を含めた安岐町の三小中学校は、平成二十八年三月に国東市教育委員会からコミュニティ・スクールの指定を受け、他の三町の小中学校にも、順次導入された。安岐小学校が指定を受けた翌月、私は新任の校長として着任した。

学校と地域をつなぐ役割として重要なコーディネーター等の加配はなく、主に管理職やコミュニティ・スクール担当が学校運営協議会に関わる業務を担った。私はコミュニティ・スクールの方針として、職員の負担軽減の観点から構築していくこと、そして学校が保護者・地域住民と学校の重点目標を共有し、協力を得ながら目標を達成していくことの二点を取組の要とし、学校運営協議会委員や職員との共通理解を図った。

以下は、安岐小学校在籍二年間の取組である。

二　職員の負担軽減を目指して（一年目の取組）

1　学校支援の組織づくり

(1)　職員へのアンケートから

年度当初、職員に「学校として地域に支援してほしいこと」のアンケートをとり、それをもとにして学校支援内容と支援組織を資料1のように整理した。

(2)　五つの応援団の位置付け

支援してほしいこれらの内容をもとに、学校の重点目標達成のための効果的な支援組織づくりを目指し、支援組織等を五つの応援団に位置付け、学校の重点目標との関連を図った（資料2参照）。

2　主な連携組織について

(1)　安岐小応援団「あ組」

安岐小には「あ組」という心強い応援団がある。「安岐小の子どもたちのために何かをしよう」という有志の発案から誕生したボランティアの会である。「できる時に、できる人が、できる事を無理せず、楽しく」がモットーである。結成して約十年で、メンバーは、元保護者・元

資料1

	主な連携組織等	主な取組
①学力・読書応援団	安岐小PTA 読み聞かせボランティア 国東市教育委員会(社会教育課) 図書館支援員	・朝の読み聞かせ活動 ・放課後学習「学びの教室」 ・学習サポート ・図書室の本の貸し借り支援
②健康・体力応援団	安岐小PTA 栄養士 国東市教育委員会（社会教育課）	・ＰＴＡ水難救助教室 ・食育指導 ・「子ども教室（運動面）」等
③伝統・文化応援団	川舟祭等、各祭保存会 校区の各祭実行委員会 国東市教育委員会(社会教育課)	・川舟祭の毛槍やコンチキチン担当児童への指導 ・葵祭参加児童への指導 ・「子ども教室（文化面）」等
④安心・安全応援団	安岐小PTA 地域交通安全推進委員 安岐小応援団「あ組」 地域見守りボランティア	・交通指導 ・あいさつ運動 ・児童の登下校の見守り等
⑤環境・美化応援団	安岐小応援団「あ組」 安岐小PTA シルバー人材センター等	・運動場等除草作業 ・教室の窓ふき ・花いっぱい運動等

資料２　平成29年度国東市立安岐小学校　コミュニティ・スクール組織図

運動会の出し物

夏のお化け屋敷

草刈り作業

安岐小職員・地域の方・現役保護者等である。活動内容は、草刈り・防犯パトロール・イベントの企画などである。

毎月、校長室で例会を行い、ＰＴＡの三役も参加して学校支援の具体的内容やイベントの計画等について話し合った。夏のお化け屋敷・運動会での出し物・草刈り等を主体的に企画・実施してくれた。特に校舎を利用しての夏のお化け屋敷は、子どもたちには大好評であった。

(2) 国東市教育委員会

国東市教育委員会社会教育課と連携し、水曜日の放課後や長期休業中に、地域の方々の参加を得て、国語・算数などの基礎・基本の定着を図るための補充学習（学びの教室）を、希望者に実施した。地域の教職OBの方々にお願いして、指導者も少しずつ増やしていった。

(3) 読み聞かせボランティアグループ

週一回の職員朝会の日、担任が学級に不在の時に、読み聞かせボランティアの皆さんが読み聞かせを実施した。

(4) 安岐小PTA

例年、年度当初の多忙な時期に職員が行っていた児童の机・椅子の調節は、PTA役員が中心となって保護者に呼び掛け、休日に「ちょボラデー（ちょっとボランティアの日）」として実施した。毎回二十五名ほどの参加者があり、机・椅子の高さ調節をした。

三　二年目の取組に向けて（二年目の取組）

1　二年目に目指す姿

二年目は、以下の点を目指す姿とした。

①学校・家庭・地域の三者の教育機能・役割の確認

②三者が一体となって、学校の重点目標達成を目指し、主体的・組織的な取組を進める。

2　保護者や地域の方々の意識調査

(1) コミュニティ・スクールに対する認知度等について

安岐小一年目の三学期、保護者や地域の方々の安岐小に対する意識や思い等を把握しようと考え、アンケートを実施した（資料3）。

アンケートの大きな柱は、①コミュニティ・スクールに対する認知度、②安岐小と子どもに対する評価、③ボランティアに対する関心・意欲とし、計十五項目からなる質問紙を保護者・校区の各地区の班長さんに配付し、約二百名分のアンケートを回収した。

「安岐小は、コミュニティ・スクールとしてスタートしたことを知っていますか？」の問いに対して、保護者・

資料3　安岐小に関するアンケート（平成28年12月）

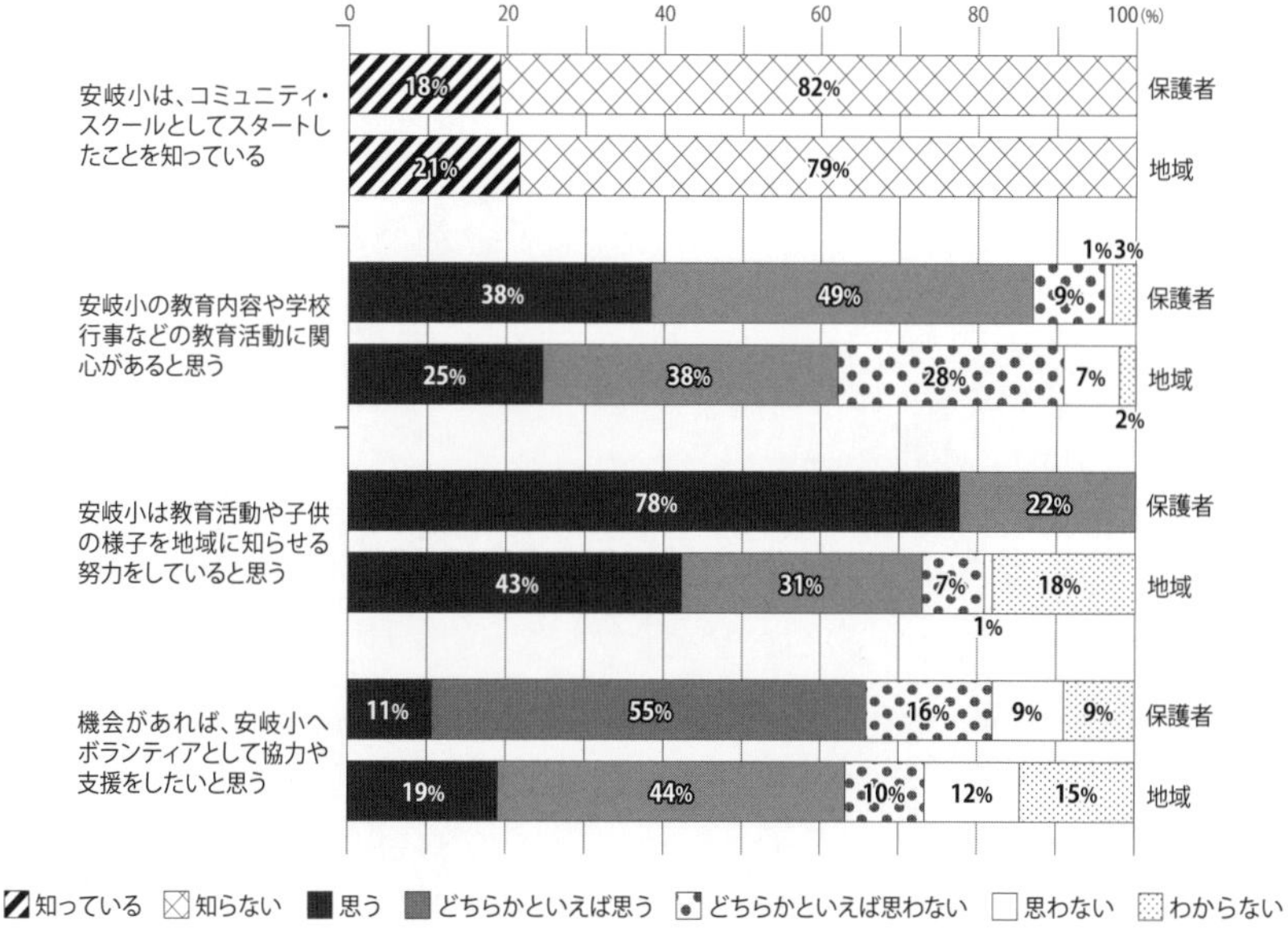

地域ともに知っている方は、約二〇％しかなかった。「コミュニティ・スクールの内容が分からない」「始まったという印象がない」などの意見が寄せられた。

「安岐小の教育内容や学校行事などの教育活動に関心がありますか？」の質問に対しては「ある・どちらかといえばある」と回答した保護者の割合は九〇％近く、地域の方も六〇％以上が関心を示していることが分かった。

「機会があれば、安岐小のボランティアとして協力や支援をしたいと思いますか？」の質問に対して「思う・どちらかといえば思う」と回答した方は、地域・保護者全体の約五〇％（約百名）いた。

(2)　アンケート結果から見えてきたこと

①コミュニティ・スクール導入についての認知度はきわめて低い。

②学校の教育内容や行事に対する関心は高い。

③ボランティアとして学校に協力したい地域の方や保護者が約百名いる。

(3)　今後の課題として

【外部環境の視点から】

①保護者や地域の方々の学校支援体制づくり
「ボランティアとして安岐小学校を支援したい」という方々を、今後どのように学校支援に結び付けていくか。
②地域と学校の情報交換等を交流する場の設定

【内部環境として】
①保護者や地域の意見等を反映する仕組みづくり
②保護者や地域との双方向の情報交換など、情報の共有化

四　「学校評価の四点セット」を生かした目標協働達成

(1)「学校評価の四点セット」に家庭・地域の役割明記

『学校評価の四点セット』とは、「学校の重点目標」「達成指標」「重点的取組」「取組指標」を一覧表にしたもので、学期ごとに検証し、改善していく大分県独自のツールである。また、学校の組織力を高めるとともに、学校・家庭・地域が協働した学校づくりをするためのものでもある。学校の重点目標の達成に向け、学校・家庭・地域の代表者で定期的に協議を行いながら、目標達成に向けて協働して取り組んでいった。

(2)「拡大学校運営協議会」の開催と熟議

学校運営協議会・あ組・ＰＴＡ役員・地区老人会等各団体・教職員による「拡大学校運営協議会」を二年目の年度当初に開催した。

この会議の目的は、①学校が分析した学校の課題、②『学校評価の四点セット』とその背景、③その重点目標を基に、家庭・地域で取り組めることを協議し、決定することであった。全体会の後、学校と地域の連携部会等、三つの分科会に分かれて「学校評価の四点セット」を踏

全体会

分科会

全体会で交流

まえて、①家庭・地域で取り組むこと、②いつ、誰が、何をどれくらい取り組むか、について話し合った。そして、家庭・地域の取組指標等を決定し、全体会で交流した。

健康・体力部会からは、「学校評価の四点セット」を基に「早寝・早起き・朝ごはん」に取り組むという提案があった。特に児童アンケートで、朝食を食べない児童が全校の八%もいたことから「親子でおいしい朝食づくり」の取組をすることになった。後日、この部会の部員が主体となって、町内の割烹の板前さんを講師として招聘し、親子約三十人参加の調理実習を実施した。そして、「親子でできるおいしい朝食レシピ」を作成し、全家庭に配付した。

また、学校と地域の連携部会は、二回目の「ちょボラデー」（ちょっとしたボランティアの日）を計画し、敷地内の草刈り・窓ふき・机・椅子の調節等を行った。学校だより等で校区の皆さんにも参加を呼び掛けたからか、地域のお年寄り数名が「学校便りを読んで、参加しました。」と、草刈り機持参で加勢してくれた。

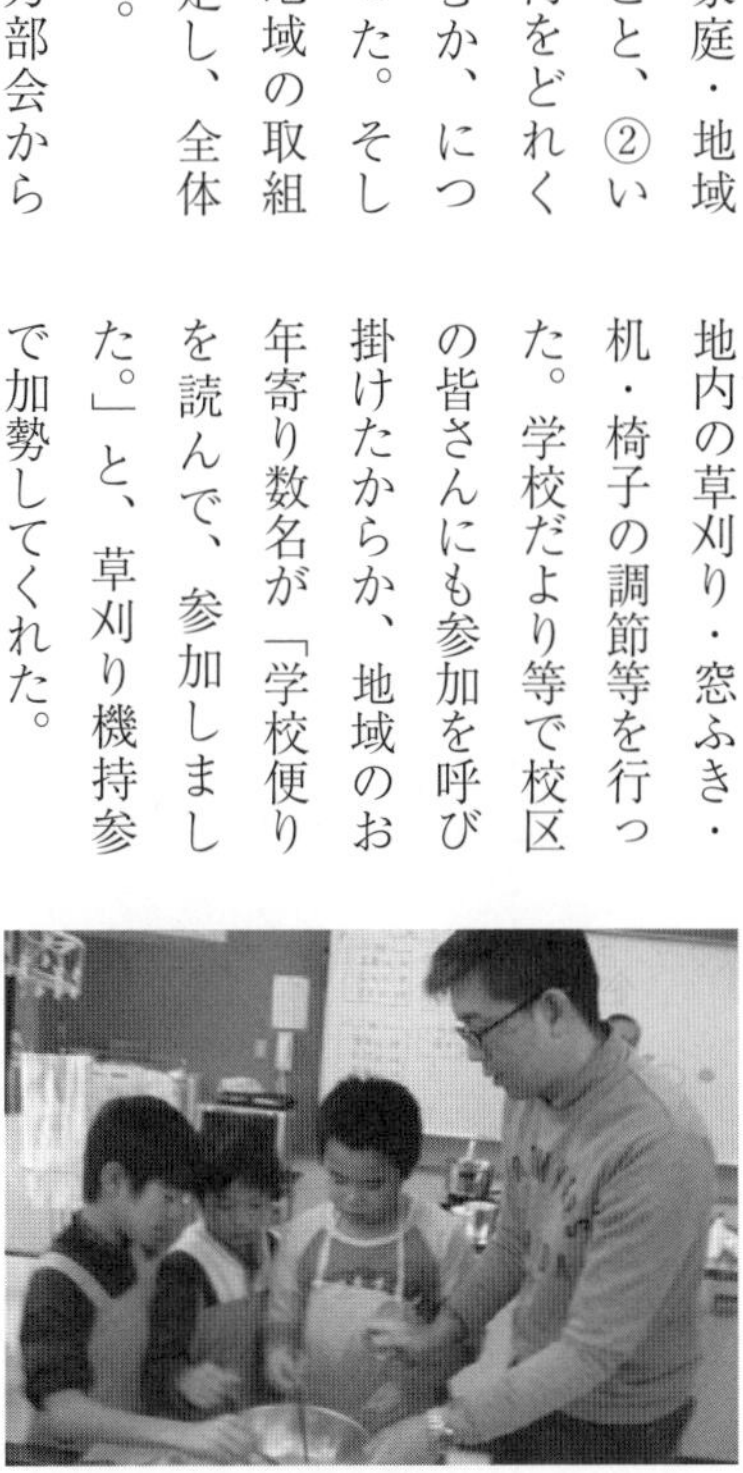
親子で朝食づくり実習

机・椅子の高さ調節

廊下のライン貼り

五　おわりに（総括）

1　職員の負担軽減の観点から

年度末の職員へのアンケートで「コミュニティ・スクールの指定を受けて、負担が軽減されましたか」の項目について、約九割の職員が「そう思う・どちらかといえばそう思う」と回答した。一方で、何かに取り組めば管理職等一部職員の負担が増えることが課題であった。

2　目標協働達成の観点から

学校の重点目標達成に向けて、学期末ごとに拡大学校運営協議会を開催し、学校・家庭・地域の取組の総括を行った。内容は、①三者が重点的取組、取組指標として決めたことが実際に取り組めたか、②その取組によって、重点目標は達成できつつあるか、③次学期・次年度に向けての取組についての三点である。重点目標が三者の協働によって少しずつ達成されただけでなく、役割分担の明確化によって、当事者意識が生まれ、目標達成への気運が高まっていった。

3　今後の課題

学校運営協議会を機能させていくには「熟議」「当事者意識」「持続可能」の三つを大切にしていく必要がある。今後の課題として、①地域との連携のメリット・互恵性の享受（ウイン・ウイン）の構築、②保護者や地域の意見や願いを反映する仕組みの整備、③地域と学校の定期的情報交換の場の設定、などがあげられる。

また、「ボランティアとして小学校を支援したい」という方々を、今後どのように学校支援に結び付けていくかが課題である。

7　異校種間連携を推進する学校経営

共生・協働を軸とした連携教育の推進

神奈川県川崎市立子母口《しぼくち》小学校長
田　中　仁　浩

〈本校の概要〉

本校は、正門前の広大な橘公園・せせらぎ公園をはじめ、学区内に子母口貝塚や神庭古墳、富士見台古墳等が残る、自然あふれる歴史ある土地に昭和四十年に開校した。現在児童数千百余名の学校である。隣接する東橘中学校は開校以来ずっと同一敷地内にあり、平成六年に合築体育館が、平成二十七年に合築校舎がそれぞれ完成し、現在に至る。

連携教育に関しては、市教育委員会から、平成十七・十八年度に異校種間連携教育研究推進校、平成二十三～二十六年度に小中連携教育カリキュラム開発研究校、平成二十八・二十九年度に支援教育研究推進校の指定を受けた。

一　はじめに

平成三十一年四月一日。それまで東橘中学校のみに設置されていた学校運営協議会を拡大して「東橘中学校区学校運営協議会」が設置され、本校もコミュニティ・スクールに仲間入りした。本市で初の「中学校区学校運営協議会」の誕生である。長年にわたって地域と共に連携教育を進めてきた本中学校区がその第一号となったことは、ある意味「必然」であるが、同時に「なお一層の推進が求められている」とも言える。

本論では、本校が平成の時代に進めてきた連携教育を改めて振り返り、その成果の上に現在があることを再認識し、学校教育目標「心ゆたかなたくましい子を育てる」の実現のために、今後どのような学校運営を進めていくべきか、その展望について考察する。

二　連携教育の経緯

1　本市における取組

(1)　連携教育推進協議会の設置

これまでも小・中学校間の連携、交流はそれぞれの地域において重視されてきていたが、市教育委員会として平成十五年度より研究校を指定するなどして推進事業に取り組み、その研究成果を踏まえて平成二十一年度末までに全ての中学校区に「連携教育推進協議会」が設置された。以来、組織的・継続的な体制のもと相互の連携が一層進み、いわゆる「中一ギャップ」と呼ばれる適応指導に関わる問題の軽減に向けた教員の児童生徒理解の深化や、学習意欲の向上につながる学びの連続性、互いの交流による豊かな人間性や社会性の育成などが、全ての中学校区ごとに図られている。

(2) 地域教育会議

これに先立ち、平成九年度には学校教育と社会教育の連携を目指した住民自治の教育参加組織として、全五十一中学校区と全七行政区に「地域教育会議」が設置された。「元気」をキーワードに、子ども・大人（保護者・教員）・地域が連携しつつ、教育の社会化（開かれた学校）、地域の教育化（生涯学習の推進）、行政の市民化（市民の参画）の三つを柱に据えて、子どもの支援や学校教育への支援、生涯学習活動などの取組が進められている。

2 本校の取組

(1) 異校種間連携教育研究推進校として

東橘中学校とともに平成十七・十八年度、市教育委員会の指定を受け、両校の学校教育目標からテーマを「子どもにとって魅力ある学校づくりを実現する小中連携～小中九年間を見通した、特別・個別支援、教育課程の連携～」として実践研究を行った。

月に一回、校長・教頭・教務主任・特別支援コーディネーター・生徒指導主任・小学校六学年主任・中学校一学年主任等が集まって「小中打合わせ会」をもち、各々の生徒指導上の問題や特別支援に関わる情報交換を行い、児童生徒の抱える問題や支援の在り方について相互理解を深めた上で、現在に至る次のような取組を重ねた。

①校内の教育相談・児童生徒指導の充実とその効果的な連携の在り方

○個別支援対象者の「中学校に行ったらどうなるのだろう」という不安に応えるため、小中合同で特別支援研修（児童の行動観察から発達障害の専門家による見立てと支援の在り方についての助言）を行った上で、小・中学校双方で複数回、保護者の心に寄り添う面談を行う。

○中学校での不登校を未然に防止し、新しい環境への適応力を高める支援をするため、小中打合わせ会で不登校傾向の児童の様子について情報交換するとともに、引継ぎ資料を欠席の背景（家庭状況・発育歴など）や効果のあった働き掛け、支えとなる人間関係などを書き込むものに改善する。

○万引き、暴力行為、喫煙など問題行動の芽を早期に摘むため、万引き被害の状況を共有し、小学生による事案に対する指導に、中学校での対応を役立てる。

②新入生の適応を促すための交流体験の推進

○「中学校の先生を知ろう」……中学校教員が小学校給食に加わったり、共に清掃をしたり、昼休みに一緒に遊んだりして、小学校児童との交流の時間をもつ。

○「授業を受けてみよう」……小学校に中学校教員が出前授業に来たり、小学生が中学校に行って授業を受けたりする。

○「小中学生で交流しよう」……中学校生活で自分を生かす場面を見つけることを目的として、地域ふれあい体験学習、スポーツ文化交流会、体験入学などを行う。

○「一緒に地域で活動しよう」……地域清掃ボランティア活動、東橋中学校区子ども会議など、小・中学生が協働する地域の様々な活動への参加を奨励する。

③小中の連続を意識したカリキュラムの開発

○小学校四～六年生を対象に、事前に小中学校の教員で指導案検討を行った上で、中学校教員が授業をし、授業後に研究協議を行う。小中学校それぞれの授業に対する思いや願いを互いに伝え合い、その後の授業づくりに生かす。

○教科ごとに、小中学校それぞれの目標や評価の観点等を照らし合わせ、共通点や相違点、系統等を整理して、カリキュラムの見直しに役立てる。

この研究から十五年が経とうとしているが、子どもや家庭、地域の状況は大きく変わっていない。「形」だけでなく「心」をしっかりと引き継いでいく必要性を感じている。

研究紀要より（抜粋）

運動会での陸上部の模範演技や吹奏楽部の演奏会等の交流はありました。しかし、教職員間の交流は少なく、卒業してしまえば後は中学校にお任せという状況でした。中学校生活が危ぶまれる子を見送りながらも、あと一歩を踏み込めない現状に苛立ちを覚えることも多くあったのが事実です。（中略）研究を通して、小・中の学校文化が想像以上に違うことが分かりました。しかし、知っているようで知らなかったこの違いこそが、なかなか進まなかった連携の必要性であることに気づいたことが本研究の推進力となりました。

（「小学校長あいさつ」より）

研究を進めるにつれ、小学校と中学校の教育の接点の多さに気づかされることがたくさんありました。教科や領域での内容の重複部分もさることながら、同一人物が９年間過ごす学校生活の中で、校種ごとに異なる対応が子どもたちに戸惑いを与えているのではないだろうかと考え、小学校の取組を十分に理解し、それを土台とした指導の展開を心掛けました。（中略）不思議なもので、構えているときには見えなかったものが、心の壁を取り去ったときにハッキリと見えてきたのです。

（「中学校長あいさつ」より）

小中の「連携」は、子母口小と東橘中の連携だけにとどまりません。まず、学校と保護者との連携、さらに、学校と地域との連携を強化していく必要があります。また、久末小学校の教職員の皆様との連携も強化していかなければならないでしょう。

（「おわりに」より）

(2)　小中連携教育カリキュラム開発研究校として

平成二十三年度から四年間、「歌声を通して豊かな心を育てる～小中九年間を視野に入れた継続・系統的な指導の確立～」という研究テーマのもと、東橘中学校の音楽科教諭が定期的に本校及び隣接する久末小学校に出向き、主に五・六年生を対象に歌唱指導を行った。専門性の高い指導を受け、小学生の技能はもちろん、小学校教諭の音楽科指導技術も高まった。

また、九年間を見通した教育課程の編成について、小・中学校それぞれの教員が理解を深め、工夫することができるようになった。併せて子どもたちにとっては、「中学校に行ったら、もっと素敵に歌えるようになれそうだ。」「中学校に入学した時、少なくとも一人は、既によく知っている先生がいる。」といった期待や安心感をもって進学できることにつながった。

その後、市教育委員会によるカリキュラム開発研究は打ち切りとなり、中学校教諭に定期的に授業をしに来ていただくことはできなくなったが、連携教育推進協議会において三校の音楽指導については、情報共有し続けている。また、英語の教科化に当たっては、昨年度まで三校の英語・外国語活動担当が同協議会において情報共有を図った。

(3)　支援教育研究推進校として

平成二十八・二十九年度には、支援教育（特別支援教育のみならず、生徒指導や教育相談をも加えた総合的な教育）の推進について中学校区として研究指定を受けた。

ここでは、それまでの連携教育推進協議会における生徒指導担当教諭の連携に加え、支援教育にかかる合同研修会の実施、進学を控えた小学校六年生に加え小・中学校のきょうだいケースにかかる合同支援会議の立ち上げ等を行い、支援教育に対する共通理解や個々のケースに対するより実務的な連携を図られるようになった。

(4)　その他

①東橋中学校区連携教育推進協議会

年四回、三校の校長・教頭・教務主任・児童支援コーディネーター（中学校は特別支援コーディネーター）・生徒指導担当・特別支援学級主任・音楽主任・防災担当・連携教育推進担当の他、議事内容に応じて必要な職員が集まり、三校長の挨拶、行事予定等の共有、近況報告等を行った後、各担当に分かれて、より具体的な情報交換や実施計画の立案等を行っている。

また、校内には「連携コーナー」を設け、児童生徒や来校者に三校それぞれの様子を垣間見られるようにしている。

②東橋中学校区地域教育会議

「地域ネットワークの拡大と活性化」「地域住民の参加しやすい事業の充実」「小中連

ランチルーム内の情報コーナー

玄関ホールにある作品展示コーナー

携の充実」を重点に置き、年一回の地区懇談会のほか、子ども会議、地域清掃ボランティア活動、小学校六年生の下校指導、こども文化センター祭りへの協力などを行っている。学校からは、教職員代表が選出委員として、校長が非選出委員として、それぞれ参画している。

③三校連（三校ＰＴＡ連絡協議会）

三校のＰＴＡ会長をはじめとするＰＴＡ役員、校長、教頭、教務主任が集まって、年一回、顔合わせを兼ねた総会並びに懇親会を行っている。

④地域行事

東橘中学校区は市内でも地域行事が数多く残っている地域である。小学校の校長・教職員は互いの学区域を越え、中学校区あるいは行政区で開かれる行事に赴き、児童の安全指導の他、地域の方々との交流を図っている。

三　更なる推進のために

これらの取組に加えて、令和元年度からは次のようなことも試みている。

(1)　ランチミーティング

三校の風通しをさらによくするため、まずは校長同士が月に一回程度、三校を順に回って共に給食を摂る機会を設けている。特に議題は用意せず、食を共にしながらとりとめのない話をする。その中で、互いの苦労や工夫を共有したり、少し大げさだが教育観を垣間見たりすることができる。もちろん、各校の近況を知ったり、文化の違いを再認識したりすることもあるが、「人間」として互いをもっと知ることを第一に置いている。そうすることによって、互いに本音を出しやすくなり、連携や調整が一層しやすくなると考えるからである。

(2)　地域の方々との積極的な交流

町会長をはじめ町会役員の皆さんや、本校はもちろん東橘中学校・久末小学校の現旧ＰＴＡ役員の方々と、学校運営協議会等の会合の時のみならず、地域行事や三校それぞれの学校行事等の機会に、積極的に声を掛け、親交を温めている。いろいろな場で子どもたちに対する地域の方々の思いを知り、学校の思いを伝えていきたい。

(3)　今後の構想

①美術科・図画工作科のカリキュラム連携

令和二年度より、東橋中学校が市教委育委員会から美術科の研究推進校に指定されたことを受け、三校の美術科・図画工作科の担当教諭も連携教育推進協議会に参画している。今後、中学校美術科教諭による小学生への技術指導、小中学生の作品交流など、連携・協働を活発化させたい。

②小学校から中学校への発信

これまでも、小学校の校内研究会へ中学校教員が参画していたことがある。研究会のみならず授業を参観し合う機会を増やせたらと考えている。また、小学校教員が中学生（卒業生）に直接的に関われる機会がもてないか、場面や方法を模索していきたい。

四　おわりに

まだ「若手教員」と呼ばれていた頃、研究会活動や組合活動、スポーツ交流などを通して、卒業生の進学先となる中学校の先輩教員とたくさん知り合い、ご指導いただいた。子どもが集う地域行事や催しに出かければ、地域の方々や担任をしていない子の保護者も親しく接してくださった。私はそうして育てられ、それを子どもにも伝えることで安心感を与えてこられたと思っている。連携教育はシステムが整っても「心」が伴っていなければ絶対に推進できない。取組はまだ半ばで、検証も不十分であるが、熱意のある教職員の「やってみよう」「伝えてみよう」という心の火を灯し続けるためにも、皆が共生・協働しやすい環境を整え続ける校長で在りたい。

8　安全教育を推進する学校経営

家庭や地域、関係機関との連携を密にした安全教育の取組

青森県西津軽郡鰺ヶ沢町立舞戸《まいと》小学校長
藤　田　昭　彦

〈本校の概要〉

本校は、平成二十三年度の統合により、旧舞戸小、中村小、鳴沢小、建石小が一緒になって、新舞戸小として誕生した。統合により旧舞戸小学区の児童（約百名）は、徒歩通学だが、他地区の児童は、町コミュニティバス「あじバス」で通学している。令和二年度の児童数は二百七名、通常学級が八学級、特別支援学級が二学級である。

学校教育目標は、「学び合う子　助け合う子　きたえ合う子」である。

令和二年度より、県教委の居場所づくり・絆づくり調査研究の指定を受け、安心して学べる環境づくりを推進し、不登校やいじめ等の未然防止に努めている。

一　はじめに

令和二年度がスタートしてまもない四月十六日、全国に新型コロナウイルス感染症拡大防止のための緊急事態宣言が出され、本校では、四月二十二日から五月六日まで臨時休業となった。

臨時休業前日の四月二十一日に、全校児童に向けて、次のようなメッセージを放送した。

「（前略）明日四月二十二日から五月六日までの十五日間、学校は臨時休業となります。

どうして臨時休業になったかというと、新型コロナウイルス感染症の予防のためです。今は、東京だけでなく、全国、そう、青森県にも緊急事態宣言が出ています。

臨時休業期間は、不要不急の外出と言って、必要のない外出や急いで出かけなくてもいい外出はしないようにしましょう。また、どうしても出かけなければいけないときは、マスクの着用や帰った後の手洗い、うがいを忘れないようにしてください。

それから、これはとても大事なことです。今回の臨時

休業は、夏休みや冬休みと違います。学校の生活と同じように、午前八時からお昼頃までは、学習や読書をして過ごすようにしましょう。特に、学校のある日の平日は学校の時間割と同じに過ごしてほしいです。（後略）」

新年度がスタートして間もない四月は、新しい学年や先生に慣れる大事な時期である。ところが、今回の臨時休校により、小学校に入学したばかりの一年生は、学校生活になじめないまま休むこととなってしまった。

幸いにも、休業中の過ごし方について、家庭や地域の協力もあって、さらにたくましくなって再登校してきた。

学校は、子どもたちにとって安全で、保護者にとっては安心できる場所でなければならない。そして、学校で学んだことを家庭や地域で生かすことが大切である。

新型コロナウイルス感染症が流行したとしても、安全教育はおろそかにできないので、感染症予防対策を十分に行った上で、家庭や地域、関係機関との連携を密にしながら、安全教育を進めていく必要がある。

二　学校経営における安全教育の位置付け

1　学校経営方針とグランドデザイン

本校の教育目標は、「学び合う子」「助け合う子」「きたえ合う子」で、安全教育に関わる努力目標は、「健やかな生活ができる子の育成」である。この努力目標は、「健康・安全に気を付けて行動する子」になってほしいという目指す子ども像に直接つながっている。

本校の安全教育に関わる課題は、健やかな体の育成と安心・安全な学校づくりの推進である。

子どもたちには、安全に対する意識の高揚と態度の育成を図り、自分の命をどのように守るかを身に付けさせることが大切である。そのため、日常的に、実践的な指導を積み重ね、緊急事態が発生した時には、具体的に、自ら行動できるようにすることが最終目標となる。

2　安全教育の目標

安全指導の方針を、「自他の命、心、体についての理解を深め、自他の生命を尊重するとともに、思いやりの心で他に接し、豊かな人間関係を築くことができるよう

令和2年度　舞戸小学校グランドデザイン

学校教育目標

学び合う子　助け合う子　きたえ合う子

子どもの実態

○高学年が低学年の面倒をよく見ている。
○自分の考えを発表できる子が少しずつ増えてきた。
○自分から進んで挨拶できる子が少ない
○進んで課題を見つけ，活動することが苦手である。
○読書や家庭学習の習慣が身についていない子が見られる。
○その場に合った言葉遣いができない子が見られる。

努力目標

・しっかり聞くことができる子の育成
・相手の気持ちを考えることができる子の育成
・健やかな生活ができる子の育成

こんな子どもに

○確かな学力を身につけ，主体的に学ぶ子
○思いやりの心で行動する子
○基本的生活習慣を身につけた子
（時間を守る・ものを大切にする・規則正しく生活する・進んで挨拶する）
○最後までやり抜く，根気強さのある子
○健康・安全に気をつけて行動する子
（あじバスの乗り降りや態度を含む）

めざす学校像

○子どもが喜んで登校し満足して下校する明るく楽しい学校
○教師にとってやりがいのある学校
○家庭・地域にとって心の通い合う学校

めざす子ども像

○確かな学力を身につけた子
○お互いに自分の気持ちを伝え合う子ども
○健康・安全に気をつけて行動する子

めざす教師像

○授業で子どもを育てる教師
○子どもを認め，可能性を引き出す教師
○組織としての動きを大切にする教師
○誇りと責任を持ち，信頼させる教師

確かな学力の定着と向上

基礎的・基本的な学習内容の定着と自ら学び考える力の育成
学習規律や学習習慣の確立
表現力や読解力の育成

○意欲的に課題解決できる学習過程の確立と「わかる・できる・楽しい」授業づくり(授業改善)
○ＴＴ又は少人数指導の充実(個に応じたきめ細やかな指導)
○校内研修の充実(思考・判断・表現の仕方を学ぶ問題解決的な指導の推進)
○読書活動の推進(読書習慣の育成)
○各家庭及び放課後児童クラブと連携した学習習慣の育成

心のやさしさと強さの育成

道徳教育の充実
学年・学級経営の充実
規範意識の醸成
主体的に取り組む態度の育成

○「考える道徳」「議論する道徳」の実践(道徳的な課題を一人一人の児童が自分自身の問題と捉える)
○認め合い，高め合う場面の積極的な設定(思いやりの心で行動)
○学級活動，特別活動の充実
○挨拶·返事·言葉遣い·礼儀等の指導重視(家庭・地域と連携)
○主体的体験活動の重視
○がんばりが認められる学校づくり

健やかな体の育成と安心・安全な学校づくりの推

基本的な生活習慣の定着
運動習慣の確立と体力の向上
安全に対する意識と態度の育成

○めあてを明確にした「教科体育・行事・マラソン・なわとび」の着実な実行
○はみがき指導と規則正しい生活リズムの確立
（保健指導の充実と家庭・地域との連携を通して）
○防災教育の充実・交通安全指導の徹底(家庭・地域・関係機関と連携した指導)
○食に関する指導の充実(家庭の理解と協力を得た指導、食育の位置付けを明確にした指導)

教師の指導力向上　一人一人を生かす授業力・学級経営力の向上

ともに育てる

○保護者と情報共有・学校公開
・授業参観・学級懇談会の実施
学校だより・学級通信の発行
○地域との交流
・地域のお年寄りや保育園との交流
○学校運営協議会(コミュニティスクール)
・学校運営方針の承認と学校関係者評価の実施

信頼と責任

まもろう！「あいうえお」の約束

あ　いさつを自分からしよう（思いやり・やさしさ・礼儀正しさ）
い　のちをまもろう（安全意識・いじめない・自分を大切
う　んどうを続けよう（たくましさ・ねばり強さ）
え　がおでみんなのために働こう(思いやり・たくましさ・協調性)
お　話をしっかり聞こう　じっくり読み取ろう　はっきり話そう
（学力向上・表現力・思いやり）

つなげる

○西海小学校と
・情報交換・宿泊学習合同実施
○鰺ヶ沢中学校と
・情報交換・学校行事協力
○高等学校(鰺ヶ沢，五農)と
・情報交換・学校行事協力
○放課後児童クラブとの連携
・情報・指導の共有
○保育園・こども園と
・情報交換・学校行事招待

研修部

育てよう！主体的に　学び合う子に

・学力向上につなげる校内研究の推進
・家庭学習の習慣化と内容の充実
・読書活動の推進
・ふるさとタイムの充実

生徒指導部

育てよう！助け合う子に

・仲間を大切に　Mキッズ活動
・ふれ合いを大切に　ボランティア活動
・進んで働く児童会活動・道徳教育の充実

安心・安全な「舞戸小学校」に

・交通安全教室実施・教育相談・いじめアンケート実施等

教職員・保護者
改善
評価
実施
計画
協働

教務部

より過ごしやすい「舞戸小学校」に

・学校行事等計画、実施
・集会行事計画、実施
・バス運行計画
・諸教育計画企画調整　等

保健体育部

育てよう！きたえ合う子に

・保健指導（ハンカチ・ちり紙の携行・歯磨き）
・給食指導
・体力づくり計画、実践

安心・安全な「舞戸小学校」に

・避難訓練計画実施等

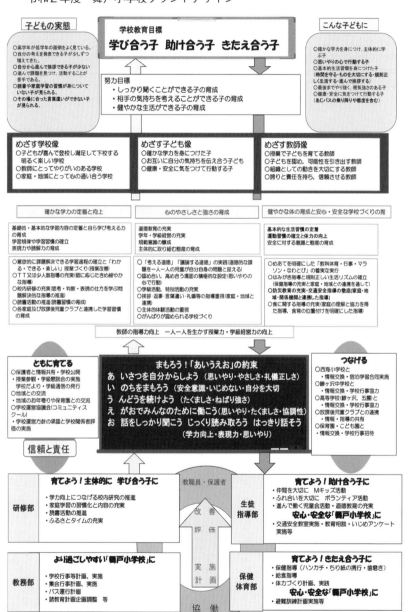

にする」と掲げ、安全教育の目標を「自他の生命を尊重し、きまりを守って行動できるようにする」と定めた。

そして、このような能力を身に付けるため、学校安全計画に、月ごとの安全目標、教科における安全学習、学級活動等における安全指導を組み入れ、実践している。

三　具体的な教育活動と家庭・地域・関係機関との連携

1　登下校バスの指導

町コミュニティバス「あじバス」は、二〇一七年春、路線バスとスクールバスを一本化する形で運行が開始された。令和二年度が四年目の運行となる。中学生以下の利用は無料で、バスには中学生や一般客も乗車している。

路線バスとスクールバスを一本化する形で運行しているため、時間に制約があり、日課表の作成には、下校バス出発までの放課後の使い方等、工夫が必要である。

また、児童の乗り降りの都合上、バスが学校の敷地内に進入するため、全校児童に対する安全指導も必要である。さらに、新型コロナウイルス感染症対策として、マスクの着用と大きな声で話をしないことを徹底している。

◎乗り方の約束

【バスに乗る時】

①バス到着予定時刻の五分前には待機し、停留所では一列に並んで待っている。
②バスに乗ったら、運転手さんに元気よく挨拶する。
③空いている席に素早く座り、シートベルトをしめる。

【バスに乗っているとき】

①車内ではきちんと座る。（立って歩いたりしない。）
②大きな声で騒がないようにする。

【バスから降りる時】

①バスが止まってから座席を離れ、運転手さんに挨拶をして降りる。
②バスから降りたら、素早くバスから離れ、出発してしまうまで

町コミュニティバス「あじバス」

その場で待ってから歩き始める。道路を横断しなければいけない人は、見通しがよく、左右が確実に確かめられる状況になってから横断する。

※「あじバス」の時間調整や安全対策について、役場担当、バス会社、学校関係者で毎月打ち合わせを行っている。また、乗り方の約束については、各家庭にも周知している。

2　避難訓練と引き渡し訓練

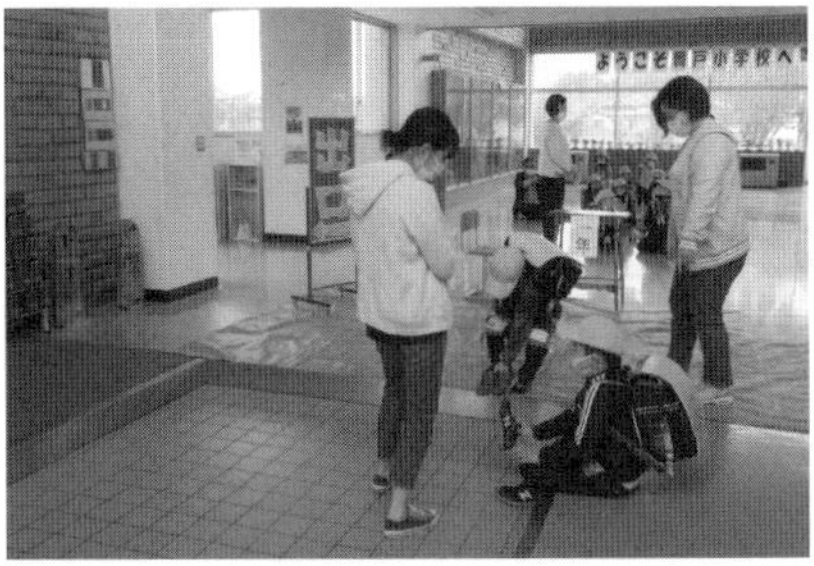
校内入口出口

避難訓練は、地震や、休憩時火災、積雪時火災等、災害の種類、時間帯、季節を想定して実施している。

特に、地震では、津波到来を想定した二次避難の訓練や、冬期間の積雪のために、通常の非常口が塞がれ、避難口が限られた場合の避難の仕方に工夫が必要である。

また、児童を保護者に直接引き渡す必要がある場合の訓練も実施している。

令和二年度の場合、新型コロナウイルス感染症予防の観点から、まだ経験のない一年生と保護者で引き渡しを行った。保護者の車の乗り入れとバス利用や徒歩で帰る児童の安全面を考慮して実施した。

3　交通安全教室と防犯教室

交通安全教室は、交通安全のきまりと交通安全上の学校周辺の危険個所を知り、自分の命を守るためにきまりを守ろうとする意識を高めることをめあてにしている。

交通安全教室

防犯教室は、事故や事件に巻き込まれないようにするための身の守り方を覚え、実践できるようにすることをめあてに、各教室とも鰺ヶ沢警察署の協力を得て実施している。

例年、前半には、警察官の指導により全体で交通安全教室と防犯教室を実施し、後半には、低・中・高学年ブロックで、歩行、自転車の乗り方等、実技指導を中心に実施していた。

しかし、令和二年度は、新型コロナウイルス感染症予防対策として、低・中・高学年ブロックに始めから分かれて実施することにした。

例【一・二年生（低学年ブロック）の内容】

①紙芝居を利用した交通安全指導（道路の歩き方、横断の仕方を担当教諭が指導）

②防犯指導（鰺ヶ沢警察署・警察官が指導）

③道路での歩行訓練

4　防災教室（五年生児童）

鰺ヶ沢町の特徴として、山・川・海に囲まれているので、豊かな自然に恵まれていると言えるが、同時に災害の起きる可能性が高いとも言える。

二〇一一年の東日本大震災の時、鰺ヶ沢町にも大津波警報が発令されているが、実際に避難した人は、五％の二百七十名となっている。大津波が起こったとすれば、実に五千人以上が大津波に飲み込まれる危険があった。

本校では、このことを教訓に、五年生児童を対象として防災教室を毎年実施している。弘前大学教授を講師に、ハザードマップを使って、実地踏査しながら標高を記入したり、避難のできる建物の高さを計算したりしている。また、担任の他に、管理職も参加し、地震による津波の発生と適切な避難場所について、一緒に学習している。

5　海上保安協力校としての取組（六年生）

本校は、統合前の平成十八年より、青森県内小学校児童を対象とした「海洋・海浜漂着ゴミ調査」等の「海上保安協力校」として指定を受けている。

海洋環境保全の活動

青森県の海岸への漂着ゴミ実態調査を通じて、海洋環境保全の考え方や、身近な海で活動している海上保安庁の役割を学んでいる。

実施に当たっては、海上保安官と本校担当（管理職）で入念に事前の打ち合わせを行っている。

児童の感想として、「海の安全を守るためには、思ったより多かったプラスチックごみを減らすことが大事だ。」という声が多く聞かれた。

ドクターヘリ着陸時の注意点

舞戸小学校

ドクターヘリ着陸の流れ

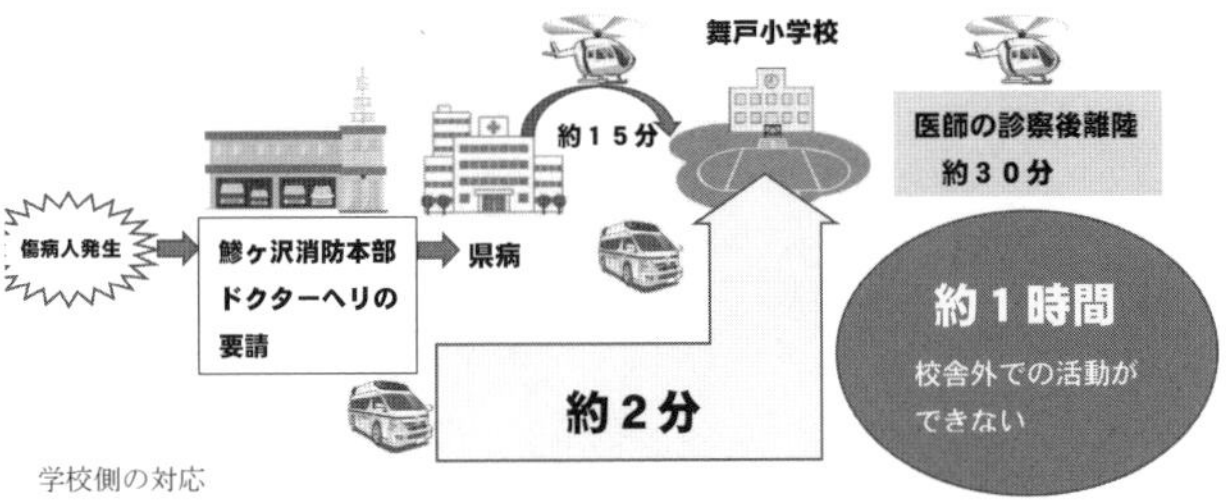

学校側の対応

①鰺ヶ沢消防本部から、ドクターヘリ着陸の連絡を受ける。

②全校放送で知らせる。「これからグラウンドにドクターヘリが着陸します。」（教頭）

◇**緊急車両到着までは玄関および職員駐車場付近、ドクターヘリ離陸まではグラウンドおよび北門周辺に児童が近づかないようにする。**

◇担任は教室で児童掌握、担任以外は玄関付近に出て安全確認をする。

◇ドクターヘリ離発着時に小石などが飛散する可能性があるため、グラウンド側の窓を全部閉める。

授業中の場合
- グラウンドで体育の授業…担任の誘導により、1階ホールの避難口②より速やかに校舎内に退避し、教室待機。
- 緊急車両の進路を妨げないよう、玄関前・職員駐車場周辺には出ない。
- ドクターヘリが離陸するまで、校舎内で待機する。（授業は継続できる）

休み時間の場合
- グラウンドで遊んでいる児童は1階ホールの避難口②から校舎に退避し、教室待機。
- その他、校舎の外にいる児童は、児童玄関から校舎に退避し教室待機。
- ドクターヘリが離陸するまで、校舎内で待機する。

下校時の場合
- 校舎内にいる児童は教室待機。放送による指示により、順次下校する。
- 校舎外にいる児童は職員が誘導し、緊急車両の進路を妨げないよう道路端に退避する。
  緊急車両到着後は、安全に気をつけ下校する

6　ドクターヘリ発着に関わって

令和二年度になってから、本校のグランドにドクターヘリが頻繁に着陸するようになった。初めてドクターヘリが着陸するとの連絡を受けたとき、全校に連絡する前に、校地内に消防自動車が入ってきてしまった。

消防自動車が入ってきたのは、ドクターヘリが着陸するための準備をするということであったが、学校としては、授業中、休み時間、下校時と児童が外にいる場合があるので、その対応が必要である。

そこで、担当（保健主事）に、町消防本部に行ってもらい、ドクターヘリ着陸時の連絡体制及び消防自動車の

動きについて確認を取った。

　そして、「ドクターヘリ着陸時の注意点」（前頁図）として、危機管理マニュアルに加えた。

　緊急の病人やけが人を救うために、学校として協力は惜しまないところであるが、学校としての安全体制や連絡の仕方を間違えると、校地内であっても重大事故につながってしまう。学校経営者であり管理者としては、その辺は十分気を付け、関係機関との連携を密にしていきたい。

四　おわりに

　最近の自然災害は、集中豪雨や、地震、台風等、これまで体験したことのない、被害の予測できない大きなものとなっており、結果的に大災害となっている。

　そのため、家庭や地域、関係機関との連携を密にし、自らの命を守る早めの行動が求められている。

　また、本校では、重大な事件・事故は発生していないが、地域住民から、道路への飛び出し、自転車による信号無視等、命を脅かす危険な行動をしている児童を見かけたとの連絡を受けることがある。

　大きな自然災害や突然の事件・事故等は、児童が学校にいる時だけではなく、家庭や地域にいる時も起こる。

　したがって、学校における安全教育が、家庭や地域に帰った時に生かされなければ、その意味がないと言える。

　今後も、新型コロナウイルス感染症予防対策を十分に行いながら、家庭や地域、関係機関との連携を密にした安全教育に進んで取り組んでいきたい。

　そして、児童にとって安全で、保護者にとって安心な学校づくりに邁進していきたい。

郷土の自然に誇りをもち、次代へ受け継ごうとする児童の育成

鹿児島県奄美市立佐仁《さに》小学校長
花房　八重子

〈本校の概要〉

本校は、鹿児島市より南西約三十キロメートル離れた奄美大島本島の最北端に位置し、東シナ海に面する。校区の大部分は山地で、山裾にいくらかの畑地がある。

集落は二つの河川下流域の海岸にまとまっており、亜熱帯海洋性気候で高温多湿、降雨量が多い。このような自然に恵まれた奄美大島内にあり、全校児童十一人の小規模校である。

教育目標は、「確かな学力を身に付け、自他共に大切にし、心も体も健康で自らの向上を目指す児童を育成する」としている。

一　はじめに

社会構造が大きく急速に変化している現代、学校教育には「児童が持続可能な社会の創り手となることができるようにすること」が求められている。

共生の視点から生活の在り方を見直そうとする資質・能力は、教育活動全体を通して、段階的に育まれるものである。

図１　目指す子ども像にせまるための６か年計画

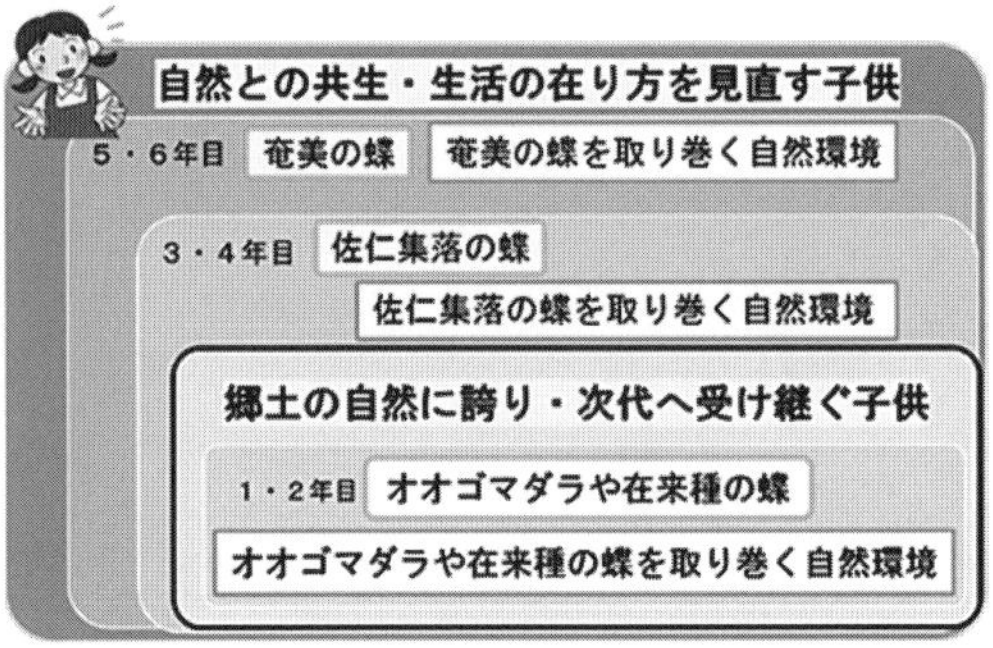

また、「鹿児島県環境教育等行動計画」を参考にしながら、目指す子ども像にせまるための六か年計画の一、二年目の「オオゴマダラや在来種の蝶を取り巻く自然環境」に焦点を当て、実践をまとめ

写真１　飛来した野性のオオゴマダラ

ることとした（図１）。

オオゴマダラはマダラチョウ科、白地に黒のまだら模様が特徴の翅をもち、広げると約十五センチメートル程になる日本最大級の蝶である（写真１）。沖縄や喜界島に生息し、奄美大島には野生種の繁殖は確認されていない。

平成十五年六月二十一日、本校に野生のオオゴマダラが飛来した。当時本校に勤務していた職員が昭和六十年頃から株分けを続けてきた幼虫の食草のホウライカガミに産卵したのである。それ以降、オオゴマダラの飼育・観察活動が始まった。

二　主体的に自然環境から学ばせるための取組

１　地域人材との連携

永年本校における蝶の保護活動を支援してきた方の熱い思いや、奄美の豊かな自然を維持していく意義について地域の方々のお話をうかがった。子どもたちは、今後の追究活動に対する目的を明確にもつことができた。その後も、食草等の栽培に関する助言をいただくなど積極的に連携を図っている。

写真２　「蝶タイム」での活動

２「蝶タイム」の設定

子どもが主体的に自然環境から学ぶためには追究課題を引き出す場が必要であると考え、毎週火曜日の朝の活動に「蝶タイム」を位置付けた。縦割りペアをつくり、上学年が下学年を支えながら活動している。見出した追究課題を共有する場と振り返りの場も毎回位置付けた。

また、担当職員を決め、追究課題に応じた活動を支えたり、新たな追究課題を引き出したりすることができるようにした（写真２）。

３　オオゴマダラコーナーの設置

オオゴマダラの特徴について大まかに理解できるような資料が必要と考え「オオゴマダラコーナー」を設置した。オオゴマダラの変態の様子が分かるように写真を掲示したり、コーナーの一角で実際にオオゴマダラを卵から飼育し、オオゴマダラの変態の写真と見比べながら観察を行ったりすることができるようにした。

写真３　オオゴマダラコーナー

また、「蝶タイム」で子どもが見出した追究課題を貼付したり観察の結果を掲示したり、観察で分かったことをもとに子どもが作成したクイズを掲示したりして、学びの成果を設営に生かすようにした（写真３）。

４　総合的な学習の時間や生活科における飼育観察活動

各教科等の学びを生かしながら見出した課題の追究に取り組むことができるように、総合的な学習の時間や生活科に活動の場を位置付けた。

総合的な学習の時間には、オオゴマダラ調査班と在来種蝶調査班というように、追究したい対象に応じて縦割りの班編制を行った。

写真４　飼育観察の活動

さらに、指導体制を整えるために全学年金曜日の三校時を総合的な学習の時間や生活科の時間とし、全職員で指導ができるようにした。このことにより、協働的な学び合いが可能となった（写真４）。

飼育観察活動を通した追究活動は、失敗を経験させる機会にもなった。なお、学びの成果を次の学年へ繋ぐために実験の方法や実験結果等を整理・保管して次年度以降も，繰り返し活用できるようにしている。

5 「貴重な動画集」の作成と活用

オオゴマダラの羽化は早朝に行われる。また幼虫の脱皮は前兆をとらえることが難しい。このような理由から、オオゴマダラの変態の瞬間に立ち会う機会はめったにない。しかし、その瞬間ほど子どもの興味・関心を喚起し、追究課題を引き出すものはない。そこで、変態の瞬間を撮影した動画を動画共有サイトに投稿し、子どもが本校のホームページから閲覧できるようにリンクを張った。追究活動を行う上での視聴覚教材として大変効果的であった。

三　主体的に自然環境に関わらせ、働き掛けさせるための取組

1 「一人一ホウライカガミ・ペンタス運動」

子どもの追究課題を蝶を取り巻く環境にも波及させるために、食草や蜜を吸う植物の栽培にも主体的に関わらせる手だてが必要だと考えた。そこで、幼虫の食草であるホウライカガミと蜜を吸うペンタスの苗を一人に一株ずつ割り当て、「一人一ホウライカガミ・ペンタス運動」を展開した（写真5）。「自分で育てたホウライカガミやペンタスで、オオゴマダラの幼虫や成虫を育てる」という栽培の目的を伝え、意欲付けた。また氏名ラベルを貼付したり、学年段階に応じて手入れを行いやすい配置を工夫した。

2 総合的な学習の時間における追究活動

「主体的に自然環境から学ぶ」活動や「一人一ホウライカガミ・ペンタス運動」を通して、子どもの追究活動は、明確な目的をもちながら、自然環境に働き掛ける活動に取り組んでいる。

写真5　ペンタスの移植活動

(1)　オオゴマダラ調査班の追究活動

初夏になるとオオゴマダラの繁殖活動が盛んになる。急激に増加した幼虫は、ホウライカガミの葉を次々と食べ尽くしていく。子どもたちは、「ホウライカガミが不足しな

写真6　ホウライカガミ挿し木

いように苗を増やす」という追究活動の目的を見定めた。種を発芽させる方法や挿し木の方法を調べ、失敗を繰り返しながら、苗づくりに挑み続けている。「気温」や「水」・「土」の影響等について失敗の原因を考察したり、新たな条件を考えて試行したりする活動は、ホウライカガミの生態理解につながった（写真6）。

(2)　在来種の蝶調査班の追究活動

本校に飛来する蝶の飼育観察を行う傍ら、かつて本校に飛来していた蝶の種類を調べた子どもは、その種類が減少していることに気付いた。それをきっかけに「昔のようにたくさんの蝶が飛び交う学校にする」という追究活動の目的が明確になった。呼び戻したい蝶の食草が校内に自生していないか調査したり、地域から見付けてき

写真7　食草移植活動

た苗を「食草園」に移植したり、「食草看板」や「食草マップ」を作成している。

「卒業したら、この活動がどうなっているのか学校の様子を見に来たい」などと語る子どもの表情は、後輩にこの活動を受け継いでいきたいという意欲で満ちている（写真7・8）。

(3)　生活科における追究活動

一・二年生は生活科の「いきものだいすき」を中心単元とし、「蝶タイム」で上学年から教わった観察方法を生かしながら、日常的な観察活動に取り組んでいる。学びの成果を「オオゴマダラクイズ」にまとめ、地域に発信することもできた。それぞれの活動における学びを関連付け、日常化することで、蝶の飼育観察活動に対する意欲も喚起できた。

(4)　積極的な情報発信

追究活動の様子や子どもが作成した「蝶クイズ」を学校便りに掲載して校区に配布したり、本校のホームページから広く発信したりするようにした。

また、子どもも「新聞を作ろう」（四年生国語科）で作成した「オオゴマダラ新聞」を校区に配布したり「食草看板」や「食草マップ」を作成して、来校者に周知する広報活動に取り組むようになった。様々な方の立場に立って追究活動の方向性を検討しようとする子どもの姿が見られるようになってきた（写真８）。

写真８　食草看板立て

四　成　果

(1)オオゴマダラの生態を全ての子どもが理解し、オオゴマダラを取り巻く環境に対する追究課題も見出すことができるようになってきた。

(2)飼育観察活動を重ねるにつれ、追究課題に対して根拠が明確な予想を立て見通しをもって追究する姿が見られるようになってきた。

(3)在来種の蝶に対しても名前や食草を調べ、主体的にかかわる姿が見られるようになってきた。

(4)追究活動の目的を見定め、そのための取組を計画したり、失敗の原因を考察して新たな方法を試したりする姿が見られるようになってきた。

(5)「当たり前のもの」だった本校の自然環境が子どもにとって「誇るべき対象」に変わりつつある。

(6)子どもたちに「後輩たちに受け継いでいきたい」という意欲が高まりつつある。

五　課　題

(1)誇るべき、後輩に受け継いでいきたい自然環境に、共生の視点をもって関わったり、働き掛けたりさせる手だてを講じる必要がある。

(2)子どもの追究範囲を、蝶を取り巻く環境からより広い自然環境に広げていくために、地域人材の活用や校区との連携を更に図っていく必要がある。

六　おわりに

子どもたちに地域の自然のよさを体感させ、誇りをもたせるために、教師児童一体となって様々な活動に取り組んできている。また、地域と学校が一体となり、心身ともに健やかな人材を育成していこうとする環境が整えられつつある。

今後も子どもたち一人一人が、奄美大島の自然や文化を誇りに思い、社会の変化にも柔軟に対応できる人材に育ってくれることを強く願っている。「持続可能な社会の創り手になるための素地づくり」を目指し、地域との連携を更に深めながら、教育課程内の時間を最大限に生かした環境教育を充実させていきたい。

第三章　今日的な経営課題に挑む学校経営

提　言

今日的な経営課題に挑む学校経営

――自ら考え学び続ける教職員が課題を乗り越える――

秋田県秋田市立八橋《やばせ》小学校長

松　橋　浩　行

一　はじめに

「これからの時代に生きる人は、一度職に就いたら四十年間同じことをやり続ければよいという考えをまず捨てなければなりません。今の段階で二〇六〇年の労働市場がどうなっているかを考えるのは全く馬鹿げたことです。それよりも常に何が起きているかを把握し、新しいことを必要に応じて、学習し続けることが重要になるのです。」

※「コロナ後の世界　第２章　ＡＩで人類はレジリエントになれる」より。（レジリエント：柔軟的対応でよりよく）

令和二年、新型コロナウイルスの感染拡大により私たちはこの先どのような社会に変わっていくか分からない、先行き不透明な時代に立たされた。二月二十七日、突然の臨時休業要請を受け、その後、新型コロナウイルスの感染が全国に拡大し、今日まで新たな判断を迫られる毎日が続いている。

この感染拡大以前には、「少子高齢化社会」「地方における人口の減少」「情報化・グローバル化等の急激に変化する社会」で、未来の担い手となる人材を育成することが新たな教育課題として私たちの目の前に立ちはだかっていた。その課題の解決を待たず、「ポストコロナの時代を生き抜く人材をどのように育成するか」という予想もつかなかった新しい課題が生まれた。正解が分からない新しい課題に対して、よりよい解を求めて生きる時代へと全世界が突然入ってしまったのである。現在、新型コロナウイルスの感染拡大防止対策があり、それとともに解決しなければならない多くの学校経営上の課題を抱えながら、日々の学校運営を行っている状況である。新型コロナウイルス対応はこれまでに前例のないことである。また日々状況・情報が変化する。それを把握しながら教職員全体で知恵を出し合い、先を見通しながら児童の安全・安心のために一日一日を確実に進めるように努力している。

この状況で考えることは、解決しなければならない新しく出会う課題に対して、解決方法を求めて、自ら学び、考え、行動できる教職員の育成が必須となるということである。現在、新型コロナウイルス予防対策以外の教育課題も山積している。自ら考え学び続ける教職員、自らアップデートできる教職員こそがこの多くの課題を乗り越え、新しい時代を創っていくのではないだろうか。以下、この視点に沿って論を進めていきたいと思う。

二　日々の実務に追われる教職員から「自ら考え学び続ける教職員」へ

今日的な教育課題が数多《あまた》あれど、教職員にとって大切なのは「今、目の前にある教育実践」である。日々の実践の中で授業を行い、成功経験を積み重ねることで、自分なりの授業の仕方、教育実践のスタイルが生まれる。それは、職務を遂行する上で大変よいことではある。しかし、そこに留まれば、いつも自分が対面している子どもや、子どもたちが生活している自分の教室という枠の中で物事を考えることになり、思考が狭い枠の中に停滞してしまう。そうなると、経験を基に日々の授業を行うことに終始してしまい、「正解の分からない時代を生き抜く力」

や「これからの時代の新たに出会う課題を解決できる力」を育てるために授業をするのだという俯瞰した物の見方・考え方ができなくなるのではないかと危惧される。

校長が今日的な課題を解決するための経営ビジョンを提示しても、実践する教職員がそれを受け止め、日々の授業実践とリンクさせるように考えなければ、教育活動は前に進まない。新しい教育課題を解決することにつながらないのである。学習指導要領が示している「社会に開かれた教育課程の実現」「資質・能力の育成に向けた授業づくり」「外国語科・プログラミング学習」などの実施に当たっても、トップダウンで行わせるのではなく、その背景にあるものを教職員自らが学習し、自分のものとして進めるようにしていきたい。

新しい教育課題を自らのものとして、多くを学び、解決方法を考える教職員を養成することが、令和二年四月より、学習指導要領が全面実施された今こそ、校長の学校経営により求められていることだと考える。これからも社会の変化、時代の要請により教育に求められるものが次々と変化していく。その度に教職員はアップデートすることが求められる。それに対応することができる教職員、自ら学び考え、よりよい解を求め行動できる教職員へと日々の学校運営の中で導くことがこれからの校長が発揮すべきリーダーシップではないだろうか。そして、このことは、管理職の育成、若手・ミドルリーダーの育成、教職員の意識改革に直結することであろう。

しかしながら、現実は厳しく、実現は大変難しい。問題点は、教職員の平常の勤務状況にある。

主に学級担任の一日を見るに、朝、子どもたち一人一人の健康状態の把握から始まり、次々と授業が続き、間に給食指導や清掃指導等も行いながら、子どもたちを下校させる。放課後も共有部分の消毒作業、成績物の処理、次の日の授業の準備を行う。この間に、十分な教材研究をする時間はもちろん、自ら考えたり、学んだりする十分な時間は確保されていない。

教職員（主に学級担任にとって）はこのルーティン（日課）がメインである。長期休業中に研修に出かけたり、校内で研究会を行うことで学びや考える時間は得るとしても、授業を行う日々の中でこそ、もっと多くの学びを考える機会と時間が必要である。日々の実践の中でこそ、自らアップデートしなければならない必要性を感じ、学びへの意欲が高まるからである。

この現状を校長は、どのように変革していったらよいのだろうか。

三　校長として教職員の「学び」をどう保障するか

学校は学びの場である。初めて出会う問題に挑戦して解き方を考えたり調べたりして解決すること、疑問に思ったことを情報を求めたり他者と話し合ったりして解決すること、このようなことに喜びを感じ、自らが広がり高まる経験を積み成長していく場が学校である。成長する場であることは子どもにも教職員にも共通のものである。子どもには教職員が、教職員には校長が、学びによる成長を保障していきたい。教職員の学びの喜びは子どもに大きく影響するので、教職員の「学びの保障」は何よりも大切なものと考える。

校長として、教職員の「学びの保障」のために一番に考えることは、日々の仕事のルーティーンから解放される時間をつくることである。一校の管理職としてできることは限られるが、教職員と共に、これまでの業務を整理し（統合・縮小・削減）一人一人の教職員の負担を軽減すること、一日の日課を見直すことで学びの時間を見つけ出すこと、専科の導入や授業交換等で持ち時数・持ち教科を減らすこと、ＩＣＴの積極的な活用など、働き方改革を進めながら行うことができるであろう。

ここで注意したいことは、負担軽減と言いながら教職員の「考える仕事」を削減しないことである。通知表や指導案、企画書を書くという仕事は物を考える貴重な場面である。時間をつくることを優先させるあまり「考える仕事」を削減することは、文章を書けない教師、読めない教師、課題にそった議論ができない教師を生むこととなる。その点を十分注意しながら、「考え・学ぶ時間」を教職員と相談しながら一緒に日常の勤務時間内につくっていきたい。

時間を生み出すことは必要条件であるが、教職員の学びを進めるための十分条件ではない。

目の前の教育実践に集中している教職員の多くは、黙っていてはなかなか自らの学びを広げないし、深めない。校長が「学びの風」を起こさなければならない。学びへの動機付け、機会の設定、今日的な教育課題等の情報提供などを意図的・計画的・継続的に行うことで、学級や学校の中だけで考えるのではなく、広い視野をもって俯瞰的に教育実践を考えることができるようにする。そうした戦略的な取組を行うことも「学びの保障」となることであろう。このことに関しては、校長便りや職員会議の場を活用できるのではないだろうか。

それとともに大切なことは、一人一人の教職員の特性に応じた「学びのミッション」の設定である。自分は何を学び、学校教育推進のために何を考え実行するかを管理職との対話を通して、設定し、長期間学び考える。その成果を学校運営に反映できるようにマネジメントすることで、力量が高まることと考える。

最後に重要なのは、教師の学びが楽しく進められることである。会議等の公の場以外にも自由に教育課題についてディスカッションできる職場の雰囲気がほしい。職員室をパソコンの画面を見て過ごすオフィスにせず、共に働く仲間同士で話し合い、「教育について語り合うのが楽しい、生き甲斐を感じる」といった教職員の学びが大いに高まる場としたい。ベテランの話を若手が聞き、勉強するとともに、若手の得意なＩＣＴに関してベテランが学ぶ。日常的にお互いが学び合う職場で、教職員は高まっていくものと思う。

教職員が真に考え、学び続けることができる環境を整備するためには一校の校長だけでは限界がある。働き方改革にしても、現在の枠の中で変えられるものを見つけて変えていく努力をしているのだが、教職員の働きとは何かを根源から問い詰めて、新しい時代の新しい教職員の働き方を創っていくことが大切ではないだろうか。これからは、ますます、教職員がアップデートする頻度が高まってくると予想される。近隣校との協力、市町村単位での改革（例えば教材研究・開発の共同化）、全国各地の校長会での取組など、相互に協力して新しい課題を解決していく必要を感じている。

四　おわりに――未来の扉を開け、進んでいく「自ら考え学び続ける教職員」

突然の感染症の世界的流行、大地震や豪雨による自然災害、想定外の被害が次々と起きて、その度に人々は現在も対応を必死で考え、乗り越えようとしてきている。子どもたちが成人として生きていく未来も予期しない多くのことが起こるだろう。その度に、「何が起きているかを把握し、新しいことを必要に応じて、学習すること」が重要なのである。そして、乗り越えていく。その力を日々子どもたちに付けていくのが我々教職員である。危機管理においても、新たに学ぶことがたくさん出てきている。子どもの安全・安心を守るためには教職員が危機に関しても新しい確実な知識を身に付けなくてはいけない。

そして、また現在、ＧＩＧＡスクールという未来の扉を開ける時が近付いて来ている。

ＧＩＧＡスクールでは、児童が一人一台のタブレットをもち、授業に参加するようになる。導入されれば、黒板に向かっての授業と共に、タブレットが日常的に教科書・ノート・文房具と同じように使われる授業となる。これは、単にこれまでの教育にＩＣＴを利用するという面に留まらず、授業の方法に大きな変革をもたらす可能性に満ちている。私たちが長年トークとチョークを中心にして行ってきた授業とは別の次元に進んでいき、今までの経験や授業方法に固執していては対応することができなくなるのではないかと思われる。

もう少しで教職員全員が同時にアップデートしなければいけない時がやってくる。そして、その先は、これまでと違う授業が次々と創造されていくことと思われる。それを推進するのが、「自ら考え学び続ける教職員」である。未来の扉を開け、新たな時代の教育が推進されていくことを切に願って、私の提言を終える。

※参考文献　『コロナ後の世界』大野和基 編　文春新書　二〇二〇年七月　第2章　ＡＩで人類はレジリエントになれる　マックス・テグマーク

実践事例

1　教職員の意識改革（経営参画）と管理職の育成

組織的で協働的な経営参画と管理職の育成

富山県魚津市立よつば小学校長
水　橋　　渉

〈本校の概要〉

本校は、平成三十年四月、大町小、村木小、本江小、上野方小の四つの小学校が統合し新設された開校三年目の学校である。校区は、魚津市の中心部に位置し、海岸部から山間部にわたっている。学校規模は、児童数六百十名、二十一学級、教員数三十三名である。

教員の年齢構成は、若手、中堅、ベテランと比較的バランスがとれており、教員の資質向上の一つとして学校でのＯＪＴを推進している。教育目標は「自ら学び、心豊かにたくましく生きる子供の育成」で、これからの社会を生き抜く力を育む教育を推進している。

一　はじめに

私は、令和二年四月に本校に着任した。本校の教員の年齢構成は、二十代が六人、三十代が六人、四十代が八人、五十代が十一人と、各年代が満遍なくいるが、ややベテラン層が多い。富山県においても大量退職、大量採用が続いている。令和二年度、本校に配置された新規採用教員は二名で、今後も、毎年配置されると予想される。若手教員の資質の育成と中堅・ベテラン教員の経営参画が喫緊の課題である。その手だてとして本校では、学校でのＯＪＴを推進することと、校務においては、組織的で協働的な経営参画を促す取組を進めてきた。

県内の小学校の校長は百七十七人いる。今後三年間の退職者は、百十六人であり、向こう三年間で約六割強が定年を迎える。したがって、管理職の育成も喫緊の課題である。教員としての資質能力の向上や学校の立場で物事を考える機会を大切にし、中堅・ベテラン教員に管理職としての資質を身に付けさせ管理職の育成を図りたい。
二つの喫緊の課題に関する本校の取組を紹介したい。

二　教員のベクトルを揃える経営方針

年度当初に、資料1を教員に配付し、校長としての学校経営方針を説明した。経営参画を促しても経営方針の理解が不十分であるならベクトル（方向性）は揃わず、てんでばらばらの取組を実施することになり、教育目標は実現しない。経営方針として、目指す教員の姿と、それを具現化する視点も合わせて例示し、共通理解を図った。視点を例示したのは、目指す姿を自分事として捉えられるように、教員一人一人が自分に足りないものをよく考え、気付いてほしいとの思いからである。

目指す姿と具現化する視点

①子どもが行きたい学校を創る教職員
【好ましい人間関係、分かる授業、注ぐ愛情、安心・安全】
②チーム○学年で学年経営を、三部会で学校経営に参画する教職員→チームよつばに
【連携・協働、学年自慢、ＯＪＴ】
③一手間かける教職員
【工夫・改善への情熱、職人気質】
④家庭や地域社会との連携及び協働を深める教職員
【地域の教育資源の活用、豊かな体験、情報受発信】
⑤時間をマネジメントする教職員（タイムマネジメント）
【授業時間、勤務時間、体調管理】

三　学校経営方針を踏まえた取組

1　組織的で協働的に取り組む三部会

本校の校務分掌の核となるのが、三部会である。
①教務学習部会（部長　第一教務主任）
・教務関係、研修・学習関係、特別支援関係の校務
②生徒指導部（部長　生徒指導主事）
・生徒指導、児童活動の校務
③保健体育部（部長　保健主事）
・保健、安全・美化、体育指導、教職指導の校務
これらの部会が、組織的で協働的に経営されるために

〈資料１〉　　**令和２年度　学校経営方針について**

魚津市立よつば小学校
校　長　水橋　　渉

《学校の教育目標》　自ら学び　心豊かにたくましく生きる子供の育成
― これからの社会を生き抜く力を育む ―

《具体目標》（育てたい子供像と目指す子供の姿）

＊**かしこく**　：自ら進んで学ぶ子　（主体的）
積極的に表現する子（対話的）
考えを深める子　（深い学び）
→ **確かな学力（知）**

＊**やさしく**　：さわやかに挨拶をする子　（社会性）
やさしく助け合う子　（思いやり）
正しく判断し、行動する子（規範意識）
→ **豊かな心（徳）**

＊**たくましく**：心と体を鍛える子　（健康）
ねばり強い子　（不撓不屈）
安全に気を付ける子（安全）
→ **健やかな体（体）**

夢に向かってチャレンジ
・目標に向かって進む子　・自らを高める子　・チャレンジを続ける子

《重点内容》　**【生きる力を育む】**

知：学習意欲の向上と個の学びの保障

徳：自他のよさを認め、共に高め合う学級・学年・学校づくり

体：生命の尊さの自覚と心身の健康づくり

《経営方針》
☆　学校経営を具現化する学校運営の要　　⇒　求められる教職員の自己研さん
☆　目指す教職員の姿と【具現化の視点】

①子供が行きたい学校を創る教職員
【好ましい人間関係、分かる授業、注ぐ愛情、安心・安全（**新型コロナ対策含む**）】

②チーム○学年で、学年経営を、３部会で学校経営に参画する教職員
⇒　**チームよつば**　【連携・協働、学年自慢、ＯＪＴ】

③一手間かける教職員
【工夫・改善への情熱、職人気質】

④家庭や地域社会との連携及び協働を深める教職員
【地域の教育資源の活用、豊かな体験、情報受発信】

⑤時間をマネジメントする教職員（タイムマネジメント）
【授業時間、勤務時間、体調管理】

校長として最も熟慮したのが部長の選任である。着任間もない私は、教頭から情報を聴取し、以下の観点で最適任者を選んだ。

【部長を選任する観点】

①部会をまとめるリーダーシップ

②部員からの厚い信頼

③先見性と計画性、経験

④部会の特性に応じた専門性

2　主体的な経営参画となる部会経営

それぞれの部会の経営責任者は部長であり、部会の開催は部長判断で行う。部長以外の教員は、担当する校務の特性を踏まえ、三部会のいずれかに所属する。担当の校務の立案をした場合、それが全校児童に関わる場合は、部会で検討する。実施に関する準備や運営は、部会で行う。実施後、部会で、反省評価を行う。

私は、一学期に何度か三つの部会を参観したり活動の様子を観察したりして、気付いたことがある。

○部会の中で互助があるので、同僚性が育まれている。

○部会での検討により、多面的な見方や考え方に触れることで、自分の見方や考え方が深まり、提案がよりよくなる。

○担当以外の校務でも部会の校務を自分事としてとらえるので、協働的な態度が身に付く。

以上のことから、三部会での取組により、企画力・思考力、実践力が鍛えられ、自分の仕事が学校の日常の大切な一部を担っているという経営参画の意識が深まることが分かった。

3　組織的に対応する学年（学級）経営

本校は、どの学年も三学級であり、原則として学級担任をベテラン、中堅、若手で組ませている。この学年構成の特性を生かし、学年経営における役割分担を明確にすることで、学年経営が円滑に効率的に、そして組織的に行われると考えた。

ベテラン教員（学年主任）

○学年活動における企画・立案

○学年経営課題把握とその改善

○若手教員育成のための指導・助言

中堅教員（副主任）

○学年主任の補佐
○ベテラン教員と若手教員のつなぎ役
○ベテラン教員からの学び
　若手教員
○困ったことや嬉しいことは声に出す。（相談）
○学年主任や副主任の声掛け、動きから学ぶ。
○学年会では積極的に発言する。

　経営方針に掲げているように「チーム○学年」で学年経営を行うには、学年目標や学年活動が必要である。これまでは、年度当初に学級経営案を作成していたが、令和二年度から学級経営案の中に学年経営案も合わせて記載することにした。追加する内容は、学年目標と学年経営方針、学年重点内容、そして年度末に育つであろう学年自慢である。

　また、日々の学年での話し合いや打合せは、休み時間や放課後に行われているが、毎週火曜日の放課後を学年会の時間として、週予定表に位置付けた。学年目標の達成具合、学年経営方針の進捗状況等、成果と改善点等を明らかにする時間を確保している。学年会の時間を確保することにより、学年を経営している感覚が身に付き、学年への所属感の深まりを担任の言動から感じている。

四　管理職の育成に向けて

1　指標による資質向上のための自己評価シートの活用

　本県においても「目標達成度による教員評価」を実施している。この評価の目標は、努力すれば達成できる目標である。これとは別に県教育委員会は、「富山県公立学校の教員等の資質向上のための指標」を策定した。これは教員が自分のキャリアに応じて求められる資質能力を確認し、生涯にわたって学び続ける教員が育つことを目指している。

　本校においては、目標達成度による教員評価に合わせて、年度当初に、資料2の『指標による資質向上のための自己評価シート』に取り組み、年度当初に現状況を確認している。私は管理職育成を踏まえると、資質能力の中で、「教職の実践」の「チーム学校を支えるマネジメント」の項目を重視している。面談は教員全員と行うが、

〈資料２〉

令和2年度

魚津市立よつば小学校

指標による資質向上のための自己評価シート【教諭】

名前

成長に関する段階	充実・発展期＜助言＞
教職経験年数の目安	概ね10年以上の教員
目指す教師像	学校運営の中核的な役割を果たす存在として、よりよい学校づくりに参画する。

資質能力				自己評価 現在の状況 4	3	2	1	自己評価 年度末 4	3	2	1	自己の資質向上のために今後取り組みたい研修や事項、伸ばしたい力　等
教職としての素養	社会人として求められる基礎的な能力		・法令を遵守し、日常の服務を誠実かつ公正に遂行できるように助言する。									[年度末]
			・円滑なコミュニケーションにより、互いに助け合い支え合う雰囲気を醸成する。									
	教育公務員の職責											
教職の実践	学習指導	授業の設計・展開	・自校や地域の特色に応じたカリキュラムを編成する。									
			・個や集団に応じた効果的な指導方法を工夫して実践する。									
			・若手教員等の指導上の課題に対して、提案したり助言したりする。									
		授業の評価・改善	・授業力向上に向けた自校の取組の課題を明らかにし、不断の授業改善を推進する。									
			・自らの実践や研修会で得た情報を基に教職員に助言するなど、自らの知見を自校の教育活動に生かす。									
	生徒指導	児童生徒理解	・児童生徒理解について、教職員相互で共通理解を図ることができるように、組織の環境を整える。									
		児童生徒指導	・児童生徒の観察や他の教職員からの情報を基に、自校の生徒指導上の課題を捉え改善策を提案し、組織的な対応を推進する。									
	特別支援教育 インクルーシブ教育		・学校全体の視点から教育活動や基礎的環境の改善を推進する。									
			・特別支援教育に係る関係機関との連携を推進する。									
	チーム学校を支えるマネジメント	学級経営・学校運営	・学校教育目標の実現に向けて、創意工夫を生かした特色ある学校づくりに参画する。									
		保護者、地域等との連携・協働	・保護者、地域、関係機関との連携・協働のネットワークを形成する。									
			・保護者等への対応について、教職員に助言する。									
		他の教職員との連携・協働	・特色ある学校づくりに向けて、OJTを実践するとともに、企画・調整の力を発揮して、組織としての教育力を高める。									

管理職適齢者と面談する際、現況の結果で自己評価が高く、周囲も認めている場合は、管理職へのステップアップを促している。

２　校務運営委員会での管理職への意識の向上

本校では、喫緊の課題がある場合、校務運営委員会を開催している。私は、協議の前に「それぞれの立場で意見が出ていることが多いが、全校児童の幸せを第一にして意見を出してほしい。」と、常々指導している。このような俯瞰的な見方や考え方の積み重ねが、管理職としての意識を育成することになる。

五　おわりに

校長に求められる力は、統率力、的確な判断力等、多様である。教員の意識を変えるには、校長がもつ力をいつ、どこで、どれくらい発揮するかが肝要である。力の使い方や量を間違うと参画が参加になる可能性がある。私は経営の基本をボトムアップとする校長を目指したい。

また、管理職の育成に際しては、キャリアステージに応じた資質能力の獲得のための環境を整備するとともに、教育にかける熱い思いを語り合い、分かち合いたい。

2　働き方改革の推進

目指す学校運営のための「働き方改革」

――皆が元気になる学校づくり――

大阪府高槻市立北大冠《きたおおかんむり》小学校長
斎藤仁美

〈本校の概要〉

本校は、ＪＲ東海道本線高槻駅、阪急・京都本線阪急高槻市駅の南東に位置し、平成三十年に開校五十周年を迎えた。児童数四百八十八名、特別支援学級を含む二十三学級、教職員数三十六名の中規模校である。

学校教育目標『一人ひとりが輝いて～自ら学ぶ意欲と豊かな人間性を培い、共に生きる力を育む～』を掲げ実践を重ねている。平成二十八年に高槻市教育センター学校教育推進モデル校区（外国語）研究委嘱、平成二十九年に文部科学省教育課程特例校外国語活動研究委嘱を受け、外国語の授業実践に力を入れて取り組んできている。

一　はじめに

1　学校現場の現状

社会の急激な変化に伴い、子どもたちを取り巻く環境が複雑化・多様化した現在は、学校が抱える課題は多岐にわたっている。「子どものため」というキーワードのもと、業務量が増大し、さらにその一つ一つに細かさや丁寧さが求められる。これまで、使命感をもち昼夜を問わず頑張り続けてきた教職員の努力で学校現場は成り立ってきたが、それは既に限界にきている。学校における働き方改革については、中央教育審議会で議論が行われ、平成三十一年一月に答申がとりまとめられた。

働き方改革の目的は、教師のこれまでの働き方を見直し、自らの授業を磨くとともに、効果的な教育活動を行うことである。学校教育目標、目指す子ども像を実現するための一番の近道であると考えられる。

2　取組の経緯

本校では平成二十九年度から教員の長時間労働を解消しようと学校独自で働き方改革に取り組み始めた。

きっかけは、当時の校長が、「既に業務は膨大である。このままでは先生たちが倒れてしまう。」と危機感を抱いたからである。教員が早朝から夜遅くまで学校にいる状況が常態化し、休日も仕事に追われる教員も少なくなかった。令和二年度からの新学習指導要領の全面実施に向け、本来必要な授業の準備に時間がかけられなくなることへの危機感も広がっていた。そこで、管理職と教務主任らで働き方改革のチームを発足。同時に、働き方コンサルタントの外部講師を招き、指導・助言を受けながら、改革がスタートした。

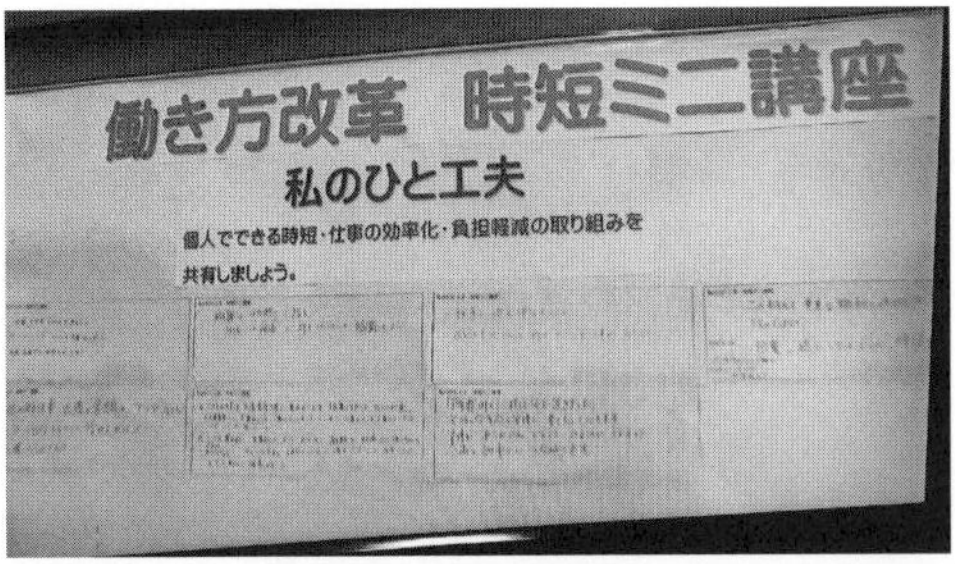

働き方改革の校内研修

学年ごとの意見交流

二　具体的な取組

取組の第一歩として、働き方改革のチームが、職員へのアンケートと各学年代表へのヒアリングを実施した。出てきた意見を、①個人や学年でできること、②学校全体でできること、③保護者の協力が必要なこと、④教育委員会の協力が必要なこと、⑤その他、に分類し、現状を分析した。当初、取組に対して教職員から挙がった声には、「長時間労働解消のための取組が、逆に長時間

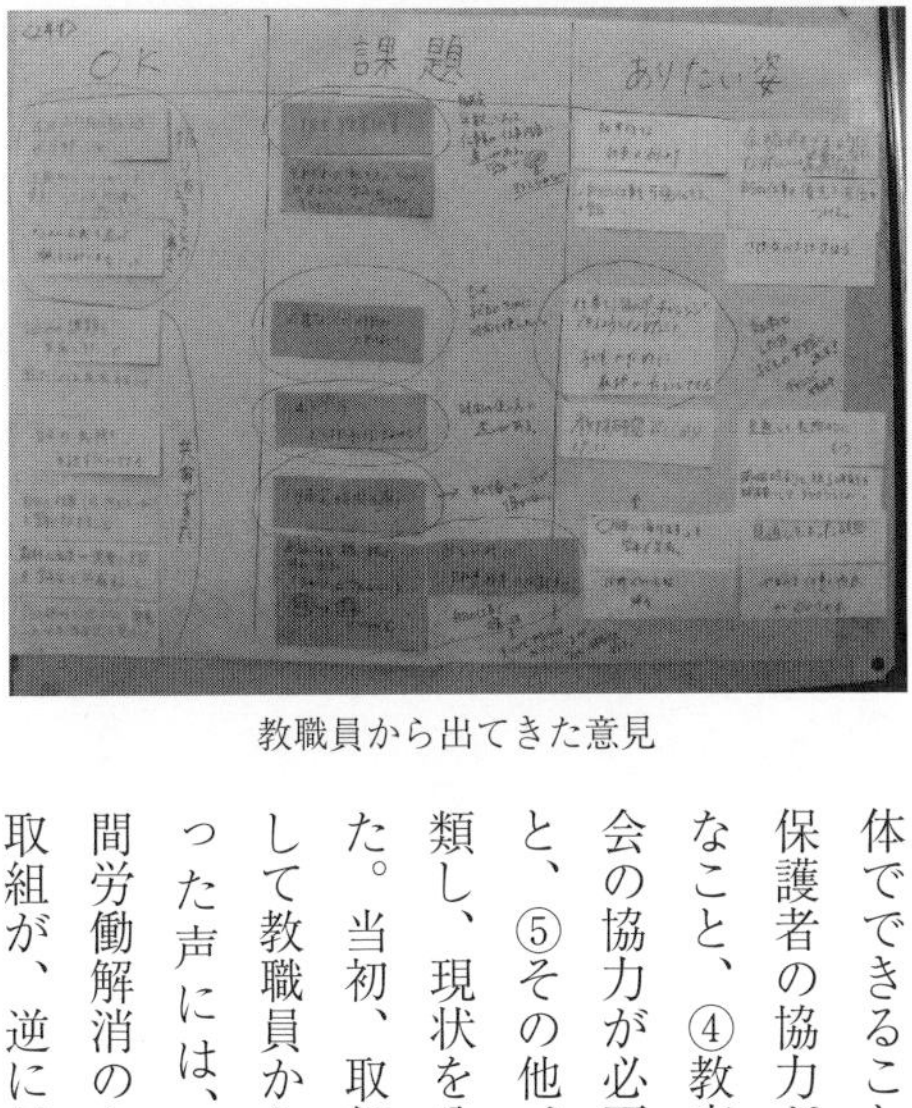

教職員から出てきた意見

労働になるのではと懸念」「行事の精選より他に効率化するべきところがある」「期待はしているがあきらめもある」といったものもあり、なかなか変わらない現場の実態に後ろ向きな意見もあった。

しかし、普段聞かれない様々なアイデアや本音が出てきたことが、その後働き方改革を進めていくという学校風土の基盤となっていった。

私は、平成三十一年度に教頭として本校に着任し、令和二年度に校長として引き続き、本校に在任している。赴任した年は働き方改革を始めて三年目で、外部講師はいなかったものの、働き方改革担当を校務分掌の中に位置付け、学校としての取組は継続していた。働き方改革チームを中心に行ってきたこれまでの継続的な取組と成果を述べていく。

1　学校、学年行事の精選

行事を精選する際の基本的な考え方は「学校教育目標の実現に照らし、その取組は必要か」という点である。

取組の初年度に教職員に行ったアンケートからは、普段はなかなか表面に出てこなかった本音やアイデアが浮かび上がってきた。特に多かったものとして、

○行事の精選については、保護者へ説明できる理由がほしい。

○増やすばかりでなく減らすこともしないといけない。

○行事に限らず日常を見直したい。

○年間を通して計画性をもつことが必要。

などがあった。行事については「どれも子どものためになる」という意見がある一方、「目的があいまいなものや思い出作りに終始したものがある。」という意見もあった。子どものためになるということをもっと突き詰めて、目的を研ぎ澄ます必要性があり、学校教育目標やそれを受けての学年・学級目標を軸に進めていくという意識をもつ必要があった。

そんな中、個人や学年から出てきた意見を、働き方改革チームで吸い上げ、整理・検討・再提案し、少しずつではあるが、行事の削減や内容の変更を行っていった。

例えば、

○ペア学年での給食交流廃止

○夏休み作品展廃止

○九月の参観廃止
○四月の家庭訪問は個人懇談に変更。ただし一年生は全家庭実施。二年生以上は希望制で実施
○ＰＴＡ学年行事廃止

学校だけの判断で決定できるものもあれば、変更するにあたり、保護者の理解協力が必要なものもあった。そのようなものについては、教職員で時間をかけて議論した後、ＰＴＡ役員会や学級懇談会などで度々話題にし、保護者に文書で説明をした上で理解を得た。

2　業務改善

業務改善に向けてのポイントは、業務の可視化・共有化・効率化であった。

例えば学年会の運営については、ホワイトボードを活用することとした。話し合う案件を学年ホワイトボードに記載し、まとめながら会議を進めることで、学年としてやるべき業務の可視化・共有化・担当者の明確化が図れた。そしてホワイトボードを常に見える所に置くことで、各自が学年の業務を意識することができた。これまでは、一度話し合った内容を再び相談し合ったり、責任の所在が明確でなかったりして、時間のロスやミスが起きていたが、そういったことが減ってきた。

また会議のもち方や進め方にも改善を加えた。特に、会議時間が延長し、案件を事後に持ち越してしまうことが多かったため、案件ごとに時間配分をした。提案者は時間を意識して進めるために、事前に関係する担当者や部署と可能な範囲で調整を済ませておいた。資料はなるべくＰＣ（パソコン）で閲覧する、会議録は会議中にＰＣで記録をするようにした。

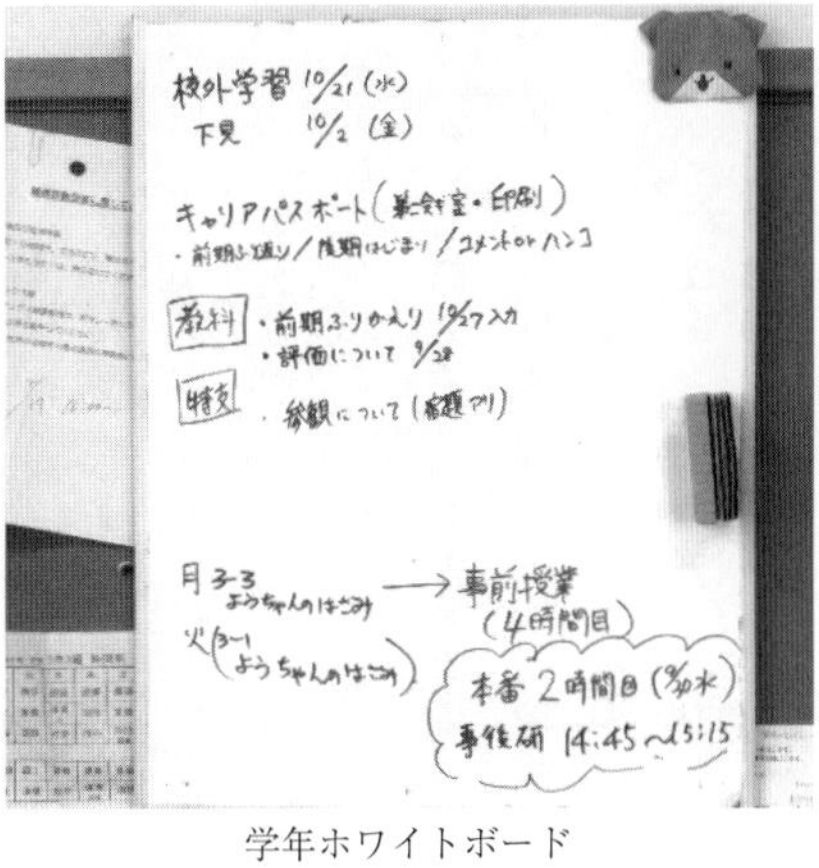

学年ホワイトボード

他に夜七時以降の保護者電話対応をやめた。その際には保護者に案内の文書を配付し理解を得た。夜の電話対応だけではなく、日中の電話の取り次ぎ方も変えた。教室で指導中の担任を放送で職員室に呼び戻すことはやめ、相手の連絡先を確認した上で、緊急を要さない場合は後ほど掛けなおすようにした。電話対応についてはその後令和元年に、高槻市内の全小中学校に自動応答電話が導入された。

他に次年度の教科・領域の年間指導計画を前年度中に作成することも行った。反省を踏まえてその年度中に作成したものを次年度に引き継ぐことにした。四月に新メンバーで検討を加えた上で実施するようにしたが、年度当初の業務負担が軽減され、スムーズなスタートとなった。

3　教職員の意識改革

コンサルタントの方が、「最大の課題は、先生たちの意識です。」と話しておられた。子どものためなら無理をすることが当たり前という教員の善意に支えられる教育現場。教職員自らが長時間労働改善に意識を向けるため、学年会の始めに時間休取得について話題を出すよう提案した。短期目標として、各自が月一時間以上の時間休の取得を目安とした。時間の使い方を意識し、仕事に優先順位を付けるようになったという声も聞かれた。

また、本校独自で月一回のノー残業デイを設定。働き方改革担当の教員が全職員に放送で声掛けをし、退勤を促している。保護者対応などでどうしても残業しなければならない場合は、事前に管理職に伝えることにしている。

同僚性の観点からも、提出書類の締め切り厳守も大事にしている。締め切り通りに集まらないと、催促をするという仕事が増えたり作業が遅れたり、担当者に負担がかかる。担当者の負担軽減のためにも各自が自分の仕事に責任をもつことが大切である。

4　コロナ禍での働き方改革

令和二年度は新型コロナウイルス感染症の感染拡大により、臨時休校という異例のスタートとなった。前例のない未曾有の事態に、学校現場は混乱し、日々の対応に追われた。しかし、危機的状況の中、改めて、「学校の役割とは何か。」「教師がすべきことは何か。」ということを考えさせられた。それは子どもたちの学びを保障すること、授業を大切にすることである。

臨時休業中、遅れた授業を取り戻すため、そして学校再開後に子どもたちがスムーズに授業に参加し無理なく学習できるように、教職員は教材研究に熱心に取り組んだ。また、学年ごとに教育課程を編成し直し、各教科等の学習と共に、教科横断的な視点で教育内容を配列する「カリキュラム・マネジメント」にも取り組んだ。こういった子どもの学びに重点を置いた業務が、結果的には働き方改革にもつながった。

例えば、担任間でそれぞれ教科を分担し、授業で使うパワーポイントやワークシートを作成し、共有して活用するようにした。これまでもやっていたことではあったが、今回は担任同士で授業の進め方や教材について話し合う時間が増え、教材研究にかける時間を十分確保することができた。

緊急事態宣言下には、教職員の出勤を控え、職員室が密にならないよう配慮した。出勤日をシフト制にしたり、在宅勤務を推奨したりする中で、職員間で互いに出勤日や業務の進捗状況を共有し、同僚性を意識する様子も見られた。

学校再開後は授業時数を確保するため、始業前の朝の十五分間を授業時間に設定した。そのため週二回行っていた朝礼を廃止し、終礼を行うことにした。その結果、担任は朝の時間を子どもたちと余裕をもって過ごせるようになった。

これまで取り組んできた行事の精選であるが、令和二年度は精選どころか多くの行事がなくなってしまい、改めて一つ一つの学校・学年行事について目的や内容を見直し、新たな形を探るよい機会ともなっている。

三　おわりに

働き方改革を始めて以来、少しずつではあるが改善が進み、以前に比べ遅くまで残って仕事をする教員は減ってきた。しかし、アンケート結果からは、仕事の負担の不公平感の解消や仕事の見える化をどう進めるか、といった課題も見られ、現状の分析と教職員個々のニーズの把握を再度行っていく必要がある。

令和二年度は、新学習指導要領の全面実施とともに、新型コロナウイルス感染症対策で、学校はこれまでに経験したことのない対応を迫られた。この先も想定外の事態が起きた時にどう対応するのか判断を迫られることと思うが、基本は常に「子ども」であり、子どものためには、教職員が元気でなければならない。教職員が毎日元気に子どもと向き合える職場環境の形成を目指して、今後も働き方改革に取り組んでいきたい。

〈教職員へのアンケート〉

今後あなたが働き方改革に求めるものは何でしょうか？

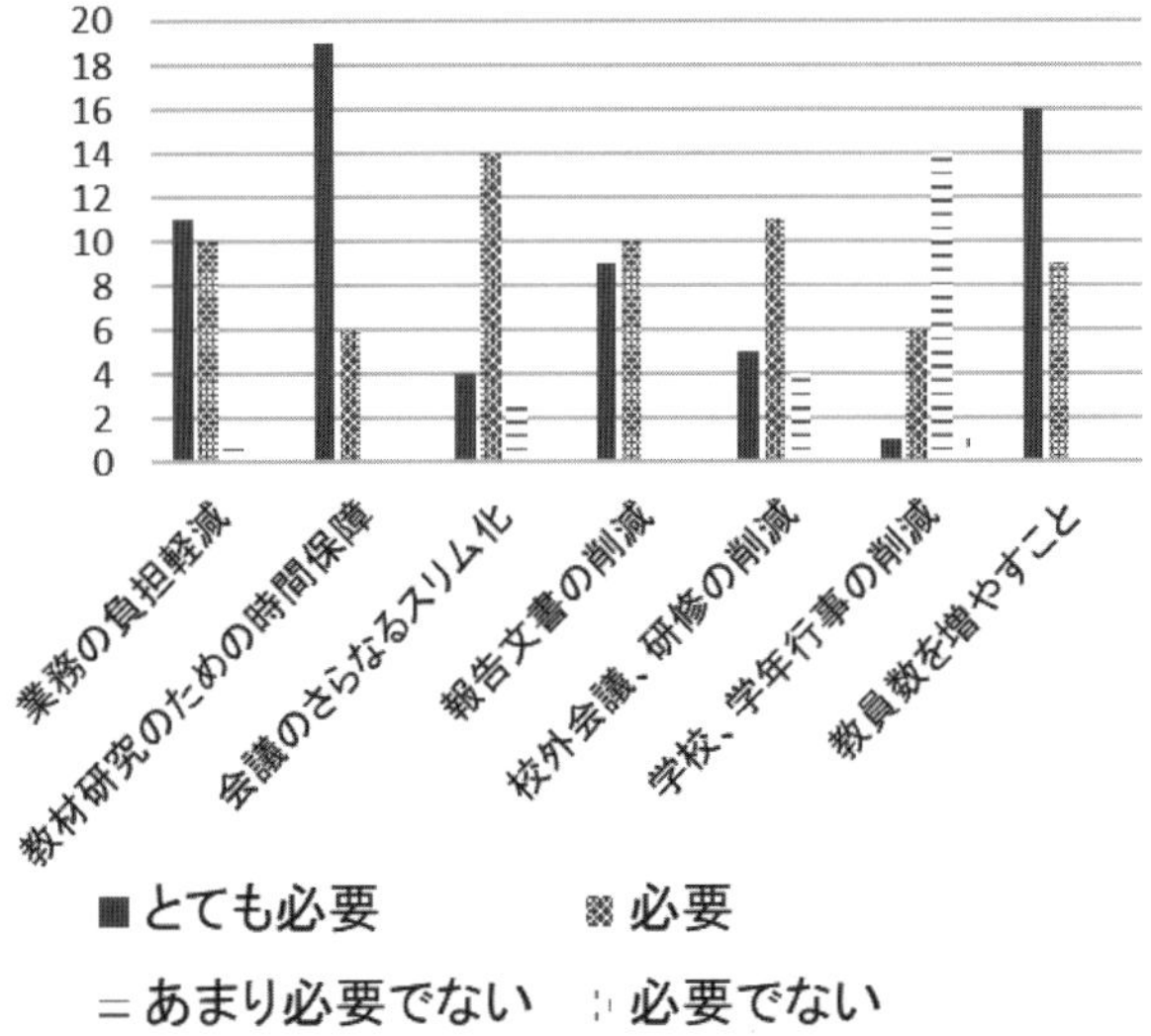

	とても必要	必要	あまり必要でない	必要でない
業務の負担軽減	11	10	1	0
教材研究のための時間保障	19	6	0	0
会議のさらなるスリム化	4	14	3	0
報告文書の削減	9	10	0	0
校外会議、研修の削減	5	11	4	0
学校、学年行事の削減	1	6	14	1
教員数を増やすこと	16	9	0	0

（任意回答）

3　危機管理体制の確立

危機がないに越したことはない

熊本県熊本市立田迎《たむかえ》小学校長
松　本　公　一

〈本校の概要〉

本校は、熊本市の南部に位置する。昭和五十年代には児童数一千人を超す大規模校であったが、分離校ができ、現在は、児童数四百五十七人、特別支援学級を含めて十九学級、教職員三十三人の学校規模となっている。

本校の教育目標「豊かな心と生きて働く力を身に付けた子どもの育成」の具現化に向け、平成三十一年度・令和元年度熊本市教育委員会研究指定を受け、「本気で問題解決に向かう子どもの育成」をテーマに掲げ研究を行ってきた。

一　はじめに

テーマにも掲げたが、学校運営において危機の発生なく、常に平和で穏やかな日々が継続されることが理想である。危機などないに越したことはないのであるがそうはいかない。人が共に生活している以上、事件、事故などの何らかのトラブルが起こることは必然であり、多種多様な災害の発生もあり得る。どうか危機が訪れませんようにと祈っていてもこれを避けて通ることはできない。

避けて通れないのであれば、危機が起こることを予見し、生じるダメージを最小限に抑えるために準備することが重要である。学校の中でどのような問題が起こるかを予見するためにも、他校で起きた事件や事故、他地域で起こった災害は他人事ではなく、自分の学校、地域でも起こり得ると想定して準備をしておく必要がある。

二　危機管理のとらえ方

文部科学省「学校における防犯教室等実践事例集（平成十八年三月）」によると、危機管理とは、「人々の生命や心身等に危害をもたらす様々な危険が防止され、万が一、事件・事故が発生した場合には、被害を最小限にするために適切かつ迅速に対処すること」とある。

児童生徒の生命を守り、安全・安心の中で教育を行うことが脅かされるような事態が起きた時は、学校は危機に陥り、児童生徒や保護者、そして地域の信頼を失い、全ての教育が停止してしまう。

つまり、危機管理の目的は、

①児童生徒及び教職員の生命や心身等の安全を確保すること

②危険をいち早く発見して、事件・事故の発生を未然に防ぐこと

③事件・事故が発生した場合に、適切かつ迅速に対応し、被害を最小限に抑えること

④事件・事故の再発防止と教育の再開に向けた対策を講じること

⑤学校と児童生徒・保護者・地域社会との信頼関係を保つこと

⑥組織的で迅速かつ的確な対応により、学校を安定した状態にすること

と言える。

では、学校はどのような危機に直面するのであろうか。「人々の生命や心身等に危害をもたらす様々な危険」を学校に置き替えて考えてみる。人々とは言うまでもなく児童生徒及び教職員である。学校が直面する危機とは、「児童生徒及び教職員の心身等に危害をもたらす様々な危険」ということである。

具体的には、台風や、地震、大雨といった自然災害、登下校中の交通事故、授業中や休憩時間中の事故、児童生徒の非行等の問題行動、いじめや不登校、学校火災、熱中症や伝染病等の健康に関わる事案、不審者の侵入、教職員の不祥事、不適切な対応による信用失墜行為、個人情報漏洩、公金横領等がすぐに思い浮かぶのではないだろうか。これらのリスクを組織的にマネジメントし、極力未然に防ぐことを中心に考察してみたい。

三　学校における危機をどう乗り切るか

危機管理には、危機の予知・予測、未然防止に向けた

取組、危機発生時の対応、再発防止に向けた取組といったプロセスがある。プロセスに沿って検討してみることにする。

1　危機の予知・予測

過去に発生した自校や他校の事例から、その危機発生の原因や経過等を分析・検討することにより、発生の前兆等を明らかにし、危機の予知・予測に努めること、また、児童生徒や社会の現状・変化等を踏まえ、今後発生する可能性のある危機を想定し、その危機の予知・予測にも努めることである。

2　未然防止に向けた取組

日頃から、一人一人の児童生徒への継続的な生徒指導や、施設・設備に関する定期的な点検等により、未然防止に向けた取組を行うことである。また、児童生徒、保護者、地域の人々や関係機関等との連携により、防犯・防災体制の確立を図るなど、危機に至る前に解決する取組を行うことである。

危機に至らないのは、問題を起こさないために日頃から十分な予防に努めているからであり、様々な準備の積み重ねであると言える。「もしかすると危機につながるかもしれない」という視点から、敏感に反応し、しっかりとした対応をとることである。

「危機の芽」を摘み取り、予防策を立てるためには、危機管理に関する知識をもったり危機意識の浸透を図ったりといった特別なことをすることも大切なことではあるが、それとともに、日頃から当たり前だとされていることをどれだけきちんと習慣としてやっているかにかかっている。日頃の積み重ねがあって初めて、いざというときに力を発揮できるし、冷静に対処できるのである。

3　危機発生時の対応

危機が発生した場合、学校が第一に考えなければならないことは、改めて言うまでもなく児童生徒、教職員の生命や身体の安全を守ることである。そして、被害を最小限度にとどめることである。

万が一、問題が起きた時には、リスクを最小限に止めるための有効な手を打ち、解決を図ったり、効果を確認したりしていくことが必要であり、説明責任を果たし、スピード感をもって対応策に着手しなければならない。

職員が知恵を出し、全員が納得して力を発揮するために、管理職は、入ってきた情報を多面的・多角的に分析し、バランスのよい決定を下す必要がある。また、基本的な解決方針や対策が十分に吟味され、マニュアル化されているか、実際に全職員が協働できる体制が作られているかどうかも鍵である。

4　再発防止に向けた取組

緊急時の対応を事態収拾後に総括し、再発防止に向けた取組を実践していくこと、また、未然防止の取組についても、定期的に評価し改善していくとともに、日々の教育活動の充実に努めることが大切である。

危機の発生を「職員個人の自覚のなさ」や「職員個人の責任」に帰するのではなく、それを発生させた職員集団の在り方、組織の問題としてとらえていくことが重要である。そのためには、

①情報をできるだけ素早く共有しているか

②問題が起きた時には、組織として防げなかった理由は何か、どこかの段階で組織が機能すれば防げたのではないかという発想をもっているか

③共通理解や対策のための会議は、常に自分のできることは何か、自分は何をすればよいかを明確にするために行うと心得ているか

という視点が重要になってくる。

また、危機管理マニュアルが万が一の際、生きて働くものとなっているか、定期的に評価し改善していく必要がある。

四　学校における危機をどう防ぐか

学校におけるあらゆる危機を予見し、準備することは不可能である。他校や他地域で起きた危機から学ぶことや判例に学ぶことが現実的である。判例は同種の問題発生を防ぐための羅針盤であり、例えば、学級担任の監督義務や注意義務についても明らかにしている。このような事例をもとに知識を増やし、日頃を意識して教育活動に当たるのは管理職だけの仕事ではない。他の学級の問題であり自分には関係なく、まして責任などないという意識をもつ職員が集まる学校では、いつ危機に見舞われてもおかしくない。

熊本市校長会では、学校経営委員会が「学校問題判例等研修会」を実施（年三回）し、学校問題の対応について専門家（弁護士）からの指導助言を受け、学校経営上の法的措置等について見識を深める研修を行っている。判例から学んだ事案を必要に応じて職員とも共有し、ともに考えることで、「明日は我が身」という気持ちをもち、危機が起きないように日頃を意識して教育活動に当たることができている。

五　危機に強い学校をつくるにはどうしたらよいか

どこの学校においても問題がないという学校はない。もしないとすれば、「見えていないか、見ようとしていない」かのどちらかである。一件の重大事故の後ろには、二十九件の軽傷事故、三百件のヒヤリとしたことやハットしたことがあると言われる。三百件のヒヤリ・ハット事案を見過ごさず、ここをきちんと対応していくことが大切である。

1　危機に強い職員の育成

危機管理では最も初歩的なようであるが、教師の「気になる」という感覚は重要である。気になれば、必ず何らかの手を打ったり行動したりするからである。その根底に教師の教育的愛情や実践的指導力がなければならないことは言うまでもない。

気になることを気になるまま放置し、危機が起きてから「〜しておけばよかった」とならないように、気付いたら、すぐに手を打つことができるようにすることが大切である。

「危機や困難は、経験すればキャリアとなり、自ら乗り越えればノウハウとなる。」と言われる。危機や問題はないに越したことはないが、見方を変えればノウハウを身に付けるチャンスでもあり、組織や個人が成長するための糧でもある。

変化に気付く力をもっているかどうか、普段、よく見ているかどうか、施設設備であろうが子どもの様子であろうが、いち早くその変化に気付き、問題になる前に手を打つことができれば、大抵の危機や問題は回避できる。

このような意味で、「気付き、考え、行動する」ことができる職員を大いに評価し、危機に強い職員を育成していくことが大切である。

2　危機に強い組織の構築

危機管理能力として大切なものに先見性がある。「この事案は、この先こんな風になっていく可能性がある。だから、○○に対してはこう対応しておいた方がよい。」と常に考えていれば、危機や大きな問題にはならない。とはいえ、組織の危機は、リーダーが一人で防いだり解決したりすることは不可能である。リーダーとしてやるべきことは、危機に強い職員と危機に強い組織を作ることである。

前述した「気になること」を職員一人一人が校長に報告し対応を仰いでいたのでは、組織としては未成熟である。ミドルリーダーを中心に、「自分事」として各校務分掌で対応していく組織改革が必要である。

本校では、守秘義務を徹底した上で、できるだけ情報をオープンにし、何かあればすぐに実動しやすい体制を作っている。具体的には、従来の校務分掌を、「徳・知・体」の三つに分類し（右図参照）、それぞれに部長を置き、月に一度部会を開いている。

校務分掌

教務部	部	担当
教務部	心の教育部（徳）	人権教育主任 生徒指導 道徳教育推進教師 特別支援教育 環境教育 環境整備
	学力向上部（知）	研究推進 国際教育・ALT キャリア教育・生涯学習 教科等部会 学力充実・教育評価 図書館教育 情報教育 特別活動
	健康安全部（体）	健康教育 学校保健 学校安全 食育 体力向上

部会では、学校で起きた、または明らかになった子どもの問題（徳育面、知育面、体育面での課題）に対し、なぜできなかったか、なぜ防げなかったか、何が足りなかったかという点で、組織としての責任を感じ、振り返り、これから自分は何ができるのかを明らかにし、実行に移すために情報の共有を行っている。また「何か気に

なる」ことを報告し合い、予防的生徒指導に重点を置いた取組を行っている。教務部は三つの部から出された提案や気付き等を、学校全体の取組としてP・D・C・Aサイクルに位置付けて実践を支えている。

3　児童生徒・保護者・地域からの信頼

学校の危機は、児童生徒・保護者・地域からの批判の発生と信頼感の喪失をまねく。教師としては絶対にしてはならないこと、例えば、不祥事五悪（秘密の漏洩・体罰・わいせつ・交通違反・窃盗）いじめの見過ごしなどを起こしてしまえば、どんなに説明をしても言い訳にしかならない。教職員の不祥事が起きた時には、「教育者でありながら」という個人の責任追及と並行して、「組織として防げなかったのはなぜか」「児童生徒の心のケアは？」「管理責任は？」という管理職の危機意識の欠如や学校の体質等を問題にされることが多い。

教職員の不祥事や児童生徒が学校で起こす問題は、自分たちの実践の結果であるという認識、言い換えれば、自分事として自分たちにその責任があるということを認識できる組織で在りたい。このように、意識を高くして実践し続けることで築き上げられるのが、学校への信頼なのである。

六　おわりに

「最悪を考えて最善を尽くす」五年前の熊本地震を経験して得た教訓である。しかし、時の経過とともにこの教訓が薄れつつある。「今、地震が起きたらどうするか。」「もし○○の最中、地震が起きたらどうするか。」と薄れかけた危機意識を高めるように声掛けを行っている。

「危機管理のさしすせそ」は、「この程度で大丈夫だろう」「しばらく様子を見ておこう」という経験則からくる油断を防ぐことから生まれた。長い危機の収束を急ぐあまり一番大切にしなければならない「児童生徒及び教職員の生命や心身等の安全を確保すること」を見落とさないよう、この「さしすせそ」を常に心が

危機管理の「さしすせそ」

- ㋚：最悪を想定して
- ㋛：慎重に
- ㋜：素早く
- ㋝：誠意をもって
- ㋞：組織で対応

け教育活動に当たることが必要である。

さらに、問題の解決に向けて、「いかに全員の力を集結するか、いかに同じ意識で事に当たられるか、いかに自分の役割や自分でできることを実行するか」という組織力が大きな要因になってくる。

「人は責任を感じている度合いで動く」という言葉がある。危機に対して自分の問題と感じて動く職員がどれだけいるかで学校の組織力や問題解決力が決まる。

日頃から、学校や児童生徒の問題に対して関心をもち続け、そして、常に自分の問題としてとらえる習慣を身に付けた職員にすることが大切であり、管理職の役目でもある。

4　学校規模の縮小化に対応する取組

教職員の意識改革から始める学校経営

和歌山県和歌山市立加太《かだ》小学校長
籔　本　みゆき

〈本校の概要〉

本校は和歌山県和歌山市の西端に位置し、他地域と隔たり、西方を海、三方を山に面する。

明治九年五月二十二日、「新出小学校」として開校し、明治十八年に現在の「加太小学校」に改名された創立百四十四年を迎える歴史ある学校である。現在は少子化が進み、全児童五十四人の小規模校である。

教育目標は「最後までよく考え、心と体の健康を養い、みんなと共によりよく生きる子供の育成」とし、様々な活動が「あきらめず‼意欲的に‼みんなのために‼」できる子どもの姿を目指し、教育実践に取り組んでいる。

一　はじめに

全国的に少子高齢化が止まらず、子どもの数が年々減少しているが、和歌山市も同じである。本校がある加太地区は本市第二位の少子高齢化地域である。全児童は五十四人であり、複式学級（第二学年・第三学年）が一学級、特別支援学級（知的学級）が一学級で、計六学級。各学年の児童数は十人前後という小規模校である。

私は平成三十一年四月一日、教頭から校長へ昇任と同時に本校に着任、令和二年度で二年目を迎える。教諭として八年間、教頭として二年間の経験だけであり、本校着任時は不安で仕方がなかった。正規採用以前は五年間の講師生活、十五年間専業主婦として自分で子育て（子育ての期間は十二年間）をしてきたという自負だけを頼りに、小学校学級担任として教諭生活を送った。そんな私にとって、年齢こそ管理職の域とはいえ、教師経験豊富な教職員をまとめ、どのように学校経営をしていくか、が最大の課題でもあった。

しかし、自分で一つの学校を動かしていくということに学級担任として、一つの学級を指導していた時のように楽しみを見い出し、学校経営に携わっていかなければならないと考えた。大変ではあるが前向きに考え、様々な方々の知恵も拝借し、私が校長としてできることは何かを探りながら、校長としての職務が始まった。

二　本校（小規模校）の課題

1　学級での子どもの位置

(1)　各学年が十人前後であり、入学してから卒業するまで、クラス替えもなく学年は上がっていくため、何事においても順位が固定化されてしまう。

(2)　六年間を共に過ごすため、男女共に仲は良い。その反面、個々に付けられたイメージを払拭することは難しい。学級が荒れ出すと止まらない。

2　教員の労働の公平性

(1)　小規模校であるということは、教職員の人数も少ないということである。全て単学級であるため、教員自身に学年間の報告・連絡・相談というものもなく、また、管理職と教職員との隔たりもあった。勤務態度は真面目であり、教材研究などもしっかり行えていたが、一つの集団ではなく、各個の集まりでしかない。

(2)　校務分掌は小規模校であっても他校と同じようにあるため、一人がいくつもの分掌を担当することになる。さらに、個々に忙しいため遠慮し、主任一人で対処してしまう。働き方改革の点でも校務の効率化に向けて取り組む必要性を感じた。

(3)　小規模校での児童指導が、保護者や地域の方々には理解し難く「少人数なのにどうして指導できないのか」となる。

着任後、前述のようなことが見えてきた。そこで、
○児童が落ち着いた環境で学習できる状況にするために教職員全員で全児童の教育をする仕組みを考えること
○教職員の働き方改革を進めること
この二点を中心に学校経営を始めた。まだまだ取組途中ではあるが、私の学校経営を紹介させていただきたい。

三　教職員の意識改革

1　教職員の「チーム加太」への意識改革の必要性

第一に教職員の連携が大切である。小規模校であるからこそ、教員だけでなく、教職員が一丸となって学校を盛り上げていかなければならないことが、最重要課題である。「チーム加太」の再編成制に向けた教職員の意識改革から始めた。

私が着任する前も、教職員は「チーム加太」を意識しながら学校行事などに取り組んできた。しかし、職員室では、真面目に採点や教材研究をしているが、教職員の会話がほとんど聞こえてこないという実情であった。子どもたちのことを話すでもなく、何気ない日常の会話もなく、雑談さえもしてはいけないような雰囲気が漂っていた。

また、管理職との隔たりも大きく感じ、報告・連絡・相談さえもしづらい状況であるように感じた。そのため、教職員の連携を本校での最重要課題であると位置付け、「チーム加太」を強固とするための教職員の意識改革を最優先させた。時間をかけて少しずつ教職員を取り込んでいくという誰にでもできる方法ではあるが、地道に取り組むことで改革できると信じ、続けてきた。

2　職員室で校長業務

職員室の校長席において主に業務を行うこととした。また、常に笑顔を心掛け、授業中は事務職員や栄養士（本校のある加太地区は幼稚園・小学校・中学校が隣接し、真ん中にある本校で幼・小・中の給食調理が行われているため、本校に非常勤栄養士が配置されている）とのコミュニケーションを図り、時には笑いながら会話し、明るい職員室の雰囲気作りに気を配った。その雰囲気が波及し、放課後の教員たちの様子も少しずつ変わり、今では私が教職員の仕事の邪魔をしているかのように会話が弾みすぎてしまうこともあり、そのようなときは静かに校長室へ入って業務を行うようにすることもある。

また、給食調理員や校務員にも業務に対する感謝の気持ちを何気ない会話の中で伝えることを意識し、とかく、他の教職員と一線を置かれがちである職員に対しても話しやすい雰囲気作りに努めた。

これらのことから、より強固な「チーム加太」となり、私の学校経営の土台はできた。

また、教頭は本校に長く勤務しているということもあり、着任以前の学校行事などの取組状況や情報共有がしやすかった。

3 「カリキュラム・マネジメント委員会」の新設

学校行事精選のため「学校行事検討委員会」の設置を考えた。本校は地域との関係性も強く「例年通り」を継承してきたところがある。令和二年度より、小学校の新学習指導要領が全面実施となったことを受け、より知育・徳育・体育のよりバランスの取れた「生きる力」を育むためにも、適任と考えていた教員をその委員会の主任に任命した。その主任自ら「カリキュラム・マネジメント主任」と位置付けたため、教員の主体性を尊重した。教頭、教務主任、各種現職教育主任と共に力強い存在となり、校長の学校経営方針の下、学校行事だけでなく教育活動の質の向上へと先頭を担ってくれている。

4 現職教育の研究主題

本校教育目標を掲げた所信表明後、教職員の「主体的・対話的で深い学び」への意識改革のため、研究主題を教職員で協議し考えさせた。実際に子どもたちの「生きる力」を育むための授業改善や行事の精選に当たるのは教職員だからである。

5 地域教材を各教科に位置付け

本校の地域は教育素材に溢れている。そこで次のような仕組みをつくった。

①「地域に親しむ」「地域を知る」「地域を守る」「地域を活用する」四つのキーワードを決めた。（次頁資料1）

②子どもたちにとって「当たり前」だが、改めて地域の良さに気付かせるため、「地域教材」を各教科に位置付けた。「加太ストーリー」（次々頁資料2）

6 縦割りクラス編制

各学年が十人前後であり、六年間クラス替えのない子どもたちが、社会性を育むため学年を超えての縦割り編制である。そこには、二人または三人の教職員が縦割りクラス担任として活動する。学級担任ではない教職員との関わり、異学年との関わりから、子どもたちの社会性を育むことを目的としている。

7 低・中・高学年での教科指導

「働き方改革」「労働の公平性」の両視点から教科指

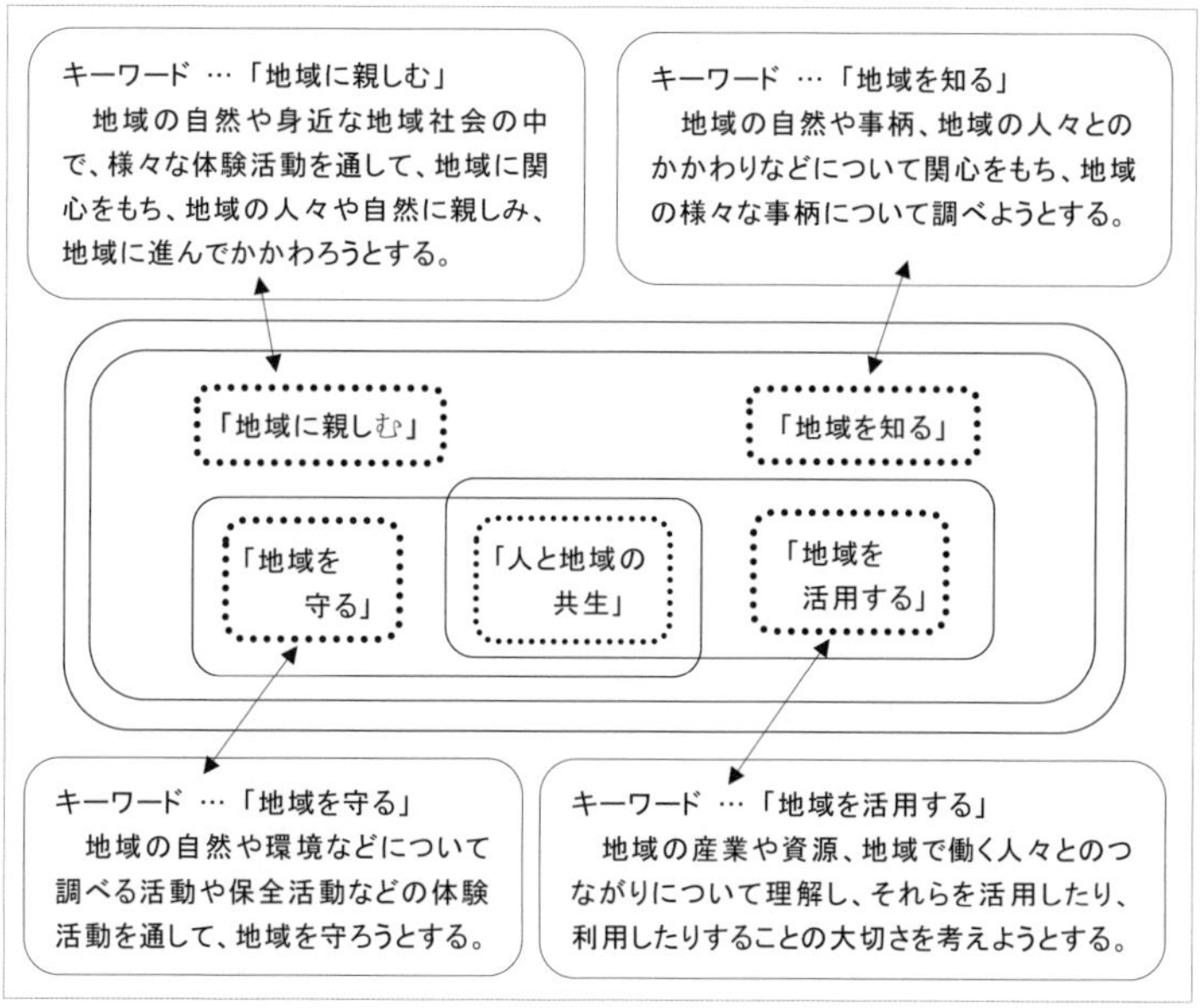
キーワード …「地域に親しむ」

地域の自然や身近な地域社会の中で、様々な体験活動を通して、地域に関心をもち、地域の人々や自然に親しみ、地域に進んでかかわろうとする。

キーワード …「地域を知る」

地域の自然や事柄、地域の人々とのかかわりなどについて関心をもち、地域の様々な事柄について調べようとする。

「地域に親しむ」

「地域を知る」

「地域を守る」

「人と地域の共生」

「地域を活用する」

キーワード …「地域を守る」

地域の自然や環境などについて調べる活動や保全活動などの体験活動を通して、地域を守ろうとする。

キーワード …「地域を活用する」

地域の産業や資源、地域で働く人々とのつながりについて理解し、それらを活用したり、利用したりすることの大切さを考えようとする。

資料１　「４つのキーワード」


導を導入し、教頭も専科として週四時間を担当している。また、教科により複式学級となり、子どもたちの異学年に対する社会性も育まれる。異学年での学習指導となり、ここでも教員の主体性がより必要となる。

8　児童会・委員会活動

四・五・六年生で活動する。教職員が二人ずつ担当できるように再編制を促した。

①二〇二〇加太っ子スポーツ祭
②二〇二〇加太っ子文化祭
③二〇二〇加太っ子「学び」発表会

①については、児童会・委員会活動の中で子どもたち自身が、種目やルールも考え、当日の運営まで取り組む。ここでは、「園児（幼・小合同）や低学年の子はできるかな。」「保護者や地域の方々は参加できるかな。」とそれぞれの気持ちを考えながら話し合いを進め、一度全体で実際に競技を行い、また考えるといった具合にしたことで、子どもたちの「主体的・対話的で深い学び」につながったと言える。名称も子どもたち自身が考えたものである。（次々頁写真1）

資料２

【 5年 加太スト-リ- 】

【学校活動テーマ】　　　『伸びよう　優しく　たくましく　～地域とともに 輝け 加太っ子～ 』
【５年活動テーマ】　　　「持続可能な加太のまち・加太の自然環境と人とのかかわり」
【学年活動テーマとねらい】

このカリキュラムの特色は、地域に貢献する活動を子供たちの手で行うことである。昨年度の取組に付け加えたのは、子供が「知る・してもらう」学習活動だけでなく、子供が「考える・参加する」学習活動を取り入れたことである。今年度の研究テーマである「主体的・対話的で深い「学び」へ向かう授業」の要件は、子供の心が動く活動、少し困難な課題に対して仲間と共に働きかける活動、働きかけた結果として手ごたえを感じる活動が必要であり、さまざまな活動の中で知識・技能が重層的に使われたり学ばれたりする必要があると考える。このことをもとに、３つの柱となる空き家を活用し写真祭への参加、鯛の飼育・放流、あじさいの植樹のような社会貢献活動を設定した。これらの活動を通して、子供たちが、(１)自分たちの住むまちへの関心を高めることができる(２)持続可能なまちと自然環境の在り方を考えることができる(３)自分が住むまちへかかわり、地域に貢献しようとする人を育てることができるといった教育的効果が期待できると考えている。

人口減少に伴う①空き家問題、②第１次産業における高齢化、後継者不足問題、③市区町村の税収減は、どの地方都市にもかかわる現代的な問題である。特に上記③に挙げた税収減は、市区町村が行っていた事業がさらにスリム化されることが予想され、そのまちに住む人々が自分たちの住むまちに関心をもち、「自分たちのまちのことは自分たちで考え、協力して取り組んでいく」といった考えをもった人が育っていくことが必要になってくるのではないか。そのように考えた時、学校が現代的な問題に子供の目を向け、体験活動を通してまちとかかわり、地域に貢献する原体験となる活動を経験させることは意義のあることだと考える。

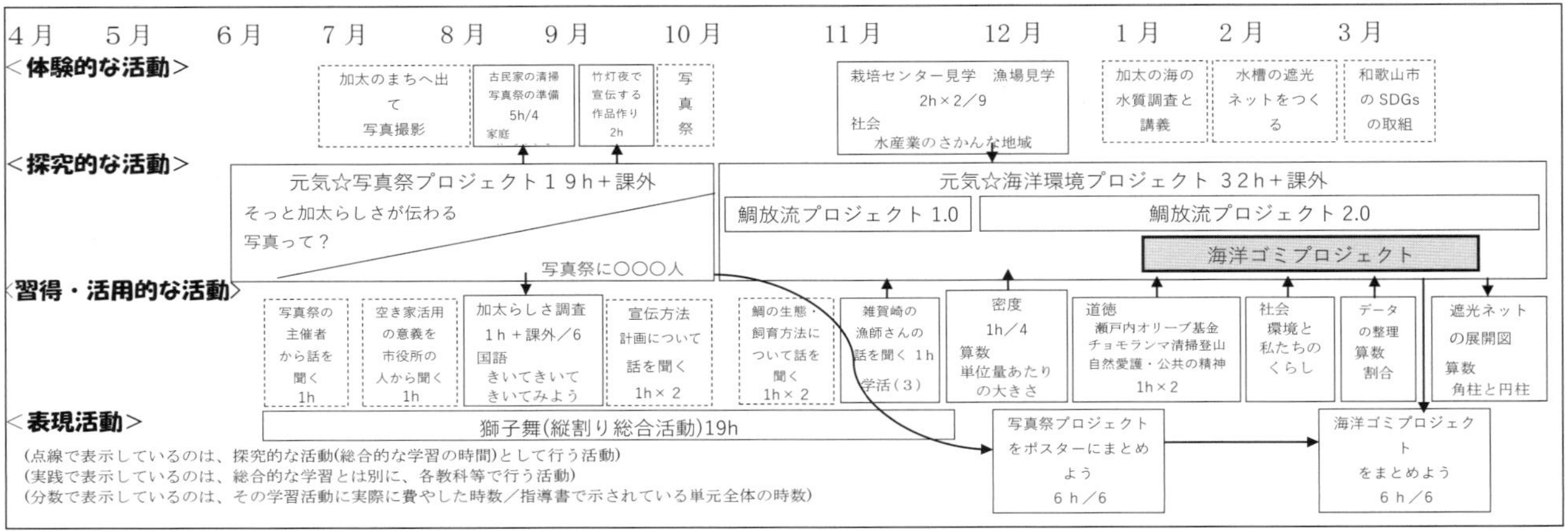

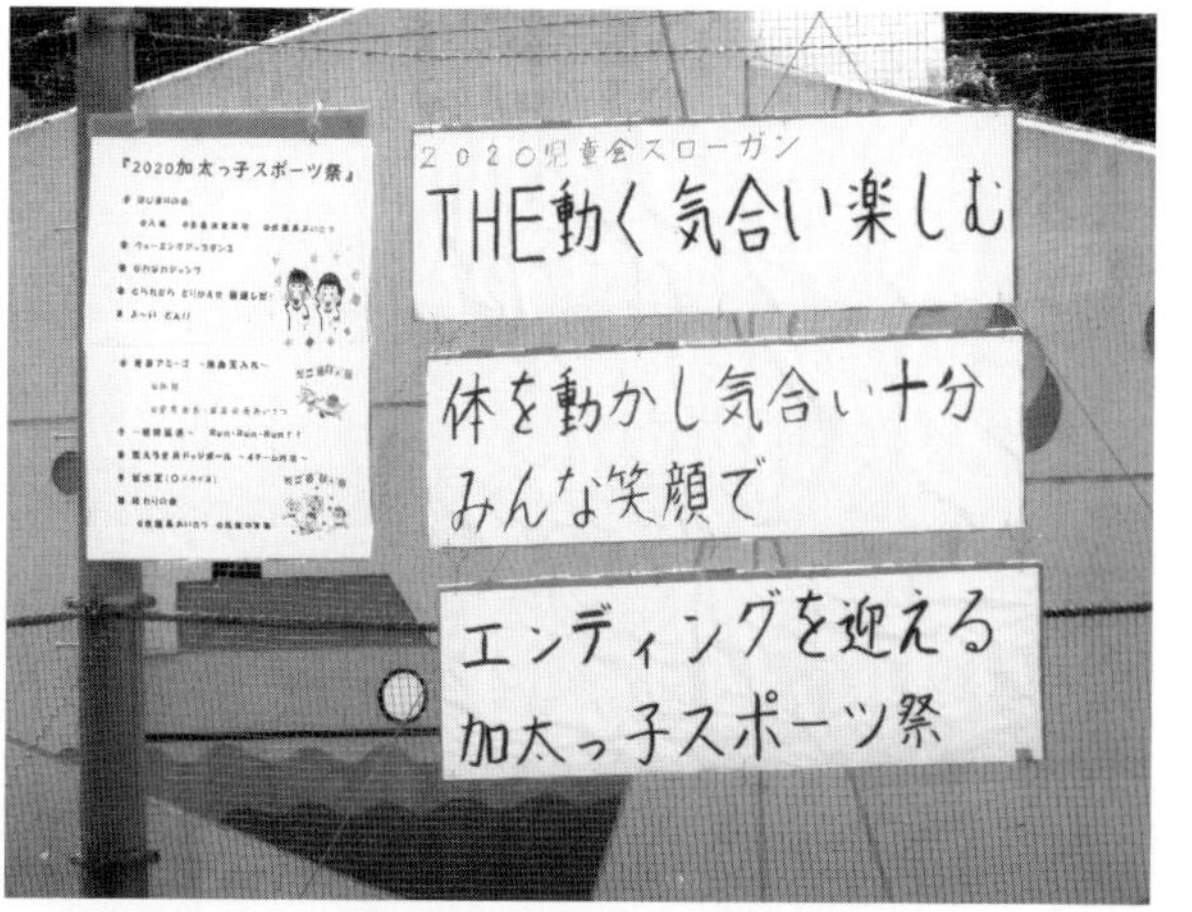

写真１（子どもたちで命名）

また、教職員の「主体的・対話的で深い学び」を実現するため、校長の考えを示しながら、当日の運営等も子どもたちの手作りとした。子どもたちに充実感や達成感をもたせることができるよう教職員には積極的に議論をさせながら指導を進めた。

四　おわりに

校長の意図する「チーム加太」ができたことにより、教職員の「主体的・対話的で深い学び」への意識改革は円滑に進められた。

令和元年度末から「新型コロナウイルス感染症」対策により、令和二年度の始まりが二か月も遅れ六月からとなり、遅れを取り戻しつつの授業開始となった。そのような中、「働き方改革」「労働の公平性」も視野に入れ、教職員は子どもたちの「主体的・対話的で深い学び」に向けて、私は教職員の「主体的・対話的で深い学び」に向けて取り組んできた。「チーム加太」を強固なものにし、校長の方針の下、教職員全員で学校運営に当たっている。学校での新型コロナウイルス感染症対策もしかりである。

そして、教職員の自主性を大切にし、それぞれの色を出しながら学級経営に取り組む姿や、「チーム加太」が一致団結して各種行事などに取り組む姿を見て、校長の学校経営がうまく回っていることに、嬉しさを感じるとともに楽しんでいる自分がいることにも気付く。

小規模校では教職員が一丸となり様々なことに取り組んでいかなければ、人任せになったり一人に負担が重くのしかかったりしてしまう。誰か一人でも欠けると学校は立ち行かない、とならないためにも、「チーム加太」を強固とすることは大変重要であった。

教職員間でうまく連携するには、明るい職員室をつくり、皆が笑顔で業務を行う環境が必要である。心に余裕が生まれなければならない。それは、子どもたちの学校生活にも影響し、「学校が楽しい」と思える必須条件となる。様々なことを率先しつつも教職員を前面に出し、何かあれば校長が前面に出て対処することを「校長の仕事」と言いたい。

教職員が子どもたちに自主性を育むのと同じように、教職員の自主性を尊重し、より一層の信頼関係を築くことで、学校経営方針の下、よりよい教育が実現されていくものと確信する。

一人の長として、学校全体を動かしていくことの楽しさも味わいながら、満足せず課題意識をもちつつ、小規模校のよさを生かした学校経営に当たっていきたい。

5　若手・ミドルリーダー等の人材育成

校務分掌組織を生かしたミドルリーダーの育成

福岡県糟屋郡志免町立志免東《しめひがし》小学校長

宮　邉　淳　一

〈本校の概要〉

本校は福岡市に隣接し、福岡県西部に位置する人口密度日本一の町の中にある。国指定重要文化財である旧国営志免鉱業所・竪坑櫓が校区にある。全校児童五百三十三名、特別支援学級を含む二十学級、教職員数三十九名、創立四十七年の学校である。

学校教育目標に、「夢をもち、自ら学び続け、心豊かで、心身共に健康な子どもの育成」を掲げ、「『できる』を積み上げ、お互いの『のび』を実感する」を重点目標としている。※メンタリングを中心とした校内研修を通して、常に学び続ける教職員集団を目指している。

※メンタリング：対話を通した気付き助言による人材育成

一　はじめに

現在、全国的に教職員の世代交代が急速に進んでいる。年長教職員が定年退職し若手教職員が大量採用されることによって、二十～三十代の教職員が半数を超える学校が多くなってきている。これは、本地区、本校においても同様である。資料1（上図）は、本校の最近七年間における教職員の年齢構成の推移である。矢印のように若手層が右肩上がりにある。

資料1　経験年数の割合推移（学級担任）

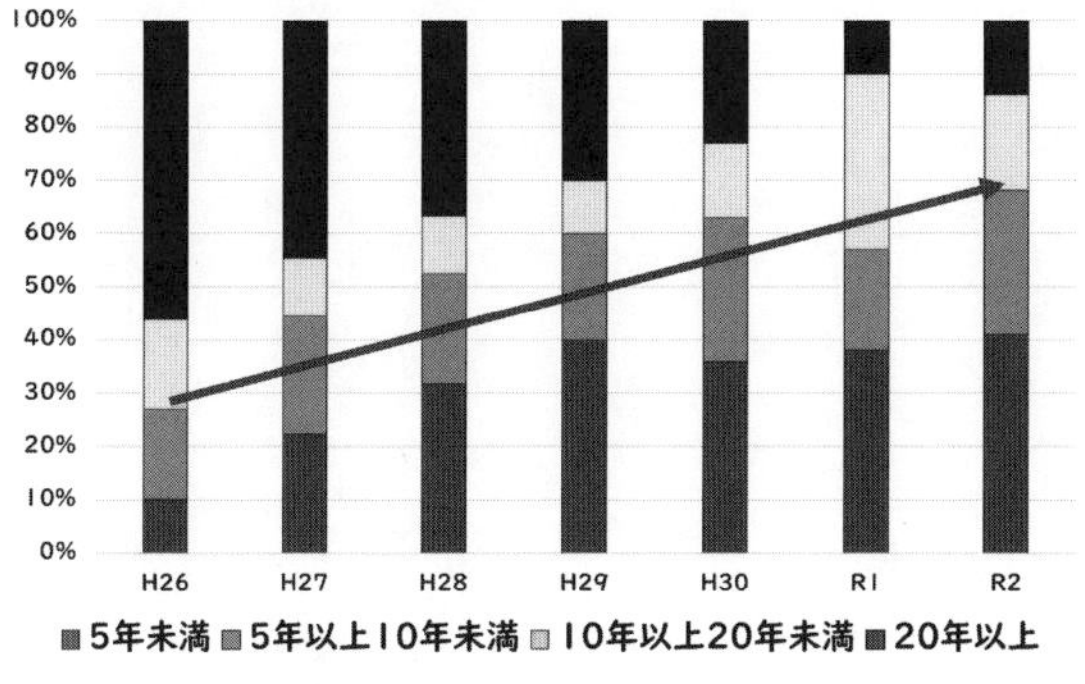

本地区の校長会では、この現状を喫緊の課題と受け止め、人材を「人財」へと高めるべく、教職員の資質向上に資する

研修の充実を図っている。特に、今後五年以内に学校を支えていくべきミドルリーダーの育成は急務であると考える。

二　本校の経営課題の解決を目指す経営戦略

1　現状理解と手だての共有化

教職員が学校の現状を理解し、指導の方向性をそろえると共に、そのための手だてを共有するために、校長として次の三つを大切にした。

(1)　学校経営要綱

学校経営要綱において本校の経営課題として「教職員の資質向上を目指す校内ＯＪＴの充実」の必要性を述べ、教職員の年齢構成を含む現状から、学校の未来を意識しながら、学年部、分掌部の連携・機能化による組織的な校務運営を進める必要性を述べた。これは、年度はじめに説明するだけでなく、折に触れ、職員会議や校長室だより等の中で教師や子どもの姿を通して具体的に説明したり、価値付けたりした。

(2)　教頭が示す校務運営計画と目標達成指標

校長の方針をより具体化するため、教頭が示す校務運営計画と目標達成指標（評価指標）の検討を重ねた。前年度の児童・保護者・教職員・地域アンケート等の結果を基に、実態を分析し、学校経営構想が学校関係者の声を元として評価できるようにした。

(3)　「育成指標」を基にした教員個人の目標設定

福岡県では、主体的に学び続ける教員の育成を目指し、県教育委員会が教員として求められる資質・能力をキャリアステージごとに整理して策定した「教員育成指標」がある。教員自身の目標設定や自己評価に活用したり、キャリアを見通したりする目安として役立てることを目的として作成されたものである。年度当初の自己評価表の作成に当たっては、この育成指標を提示し、自らが目指すべき姿を明確にして業務に当たっていけるようにした。

三　経営戦略に基づく具体的な取組と教職員の変容

1　「三部会」で構成された校務分掌組織

本校では、重点目標を具現化する取組を、校長、教頭、

資料2　学校経営ビジョンを浸透させるための仕組み

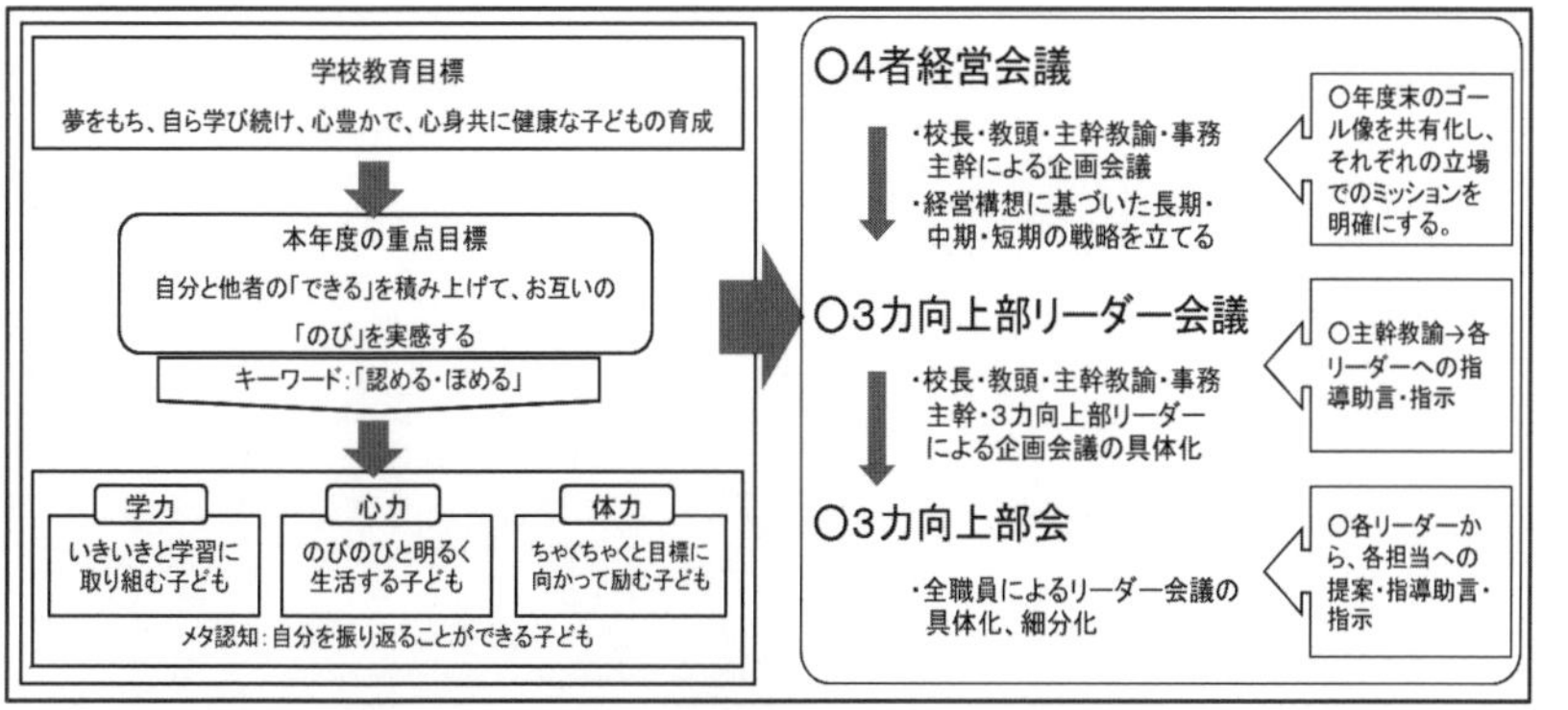

資料3　3部会による学校運営組織

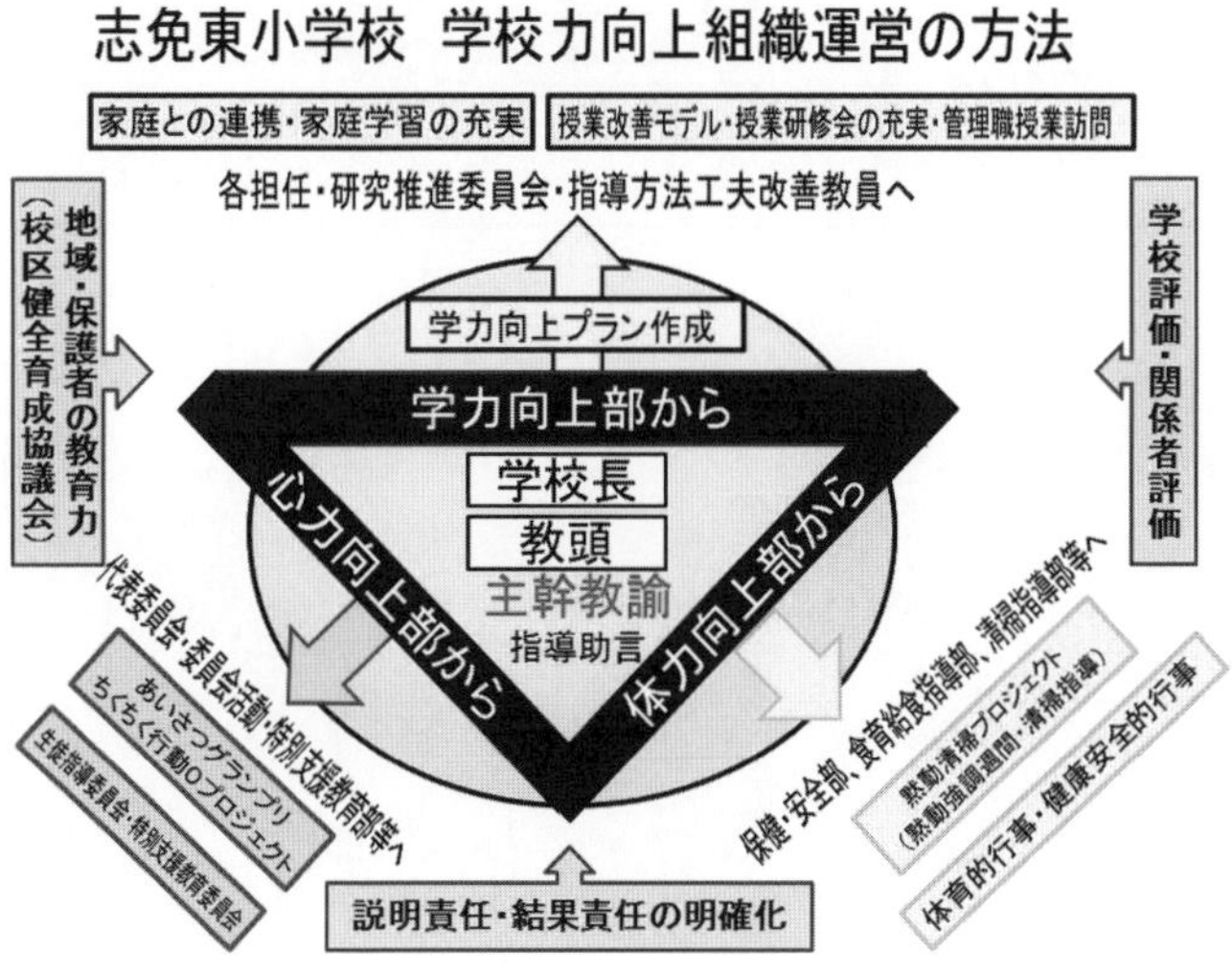

主幹教諭、事務主幹による週一回の四者経営会議（以下四者会とする）で戦略化している。学力向上部、心力向上部、体力向上部の三力向上部会（以下三部会とする）で構成された校務分掌の中で実働させ、学校力向上を目指している。

四者会で戦略化し確認したことは、校長・教頭・主幹教諭・事務主幹を含めた三力向上部リーダー会議（リーダー会）の中で主幹教諭が各リーダーに指導・助言しながら進捗状況を確認すると共に、連携できることを検討し、意見交換を行いながら、月一回の三部会に臨んでいる。三部会では、各部のリーダーが主

資料４　「学力向上部」における年間の教育活動

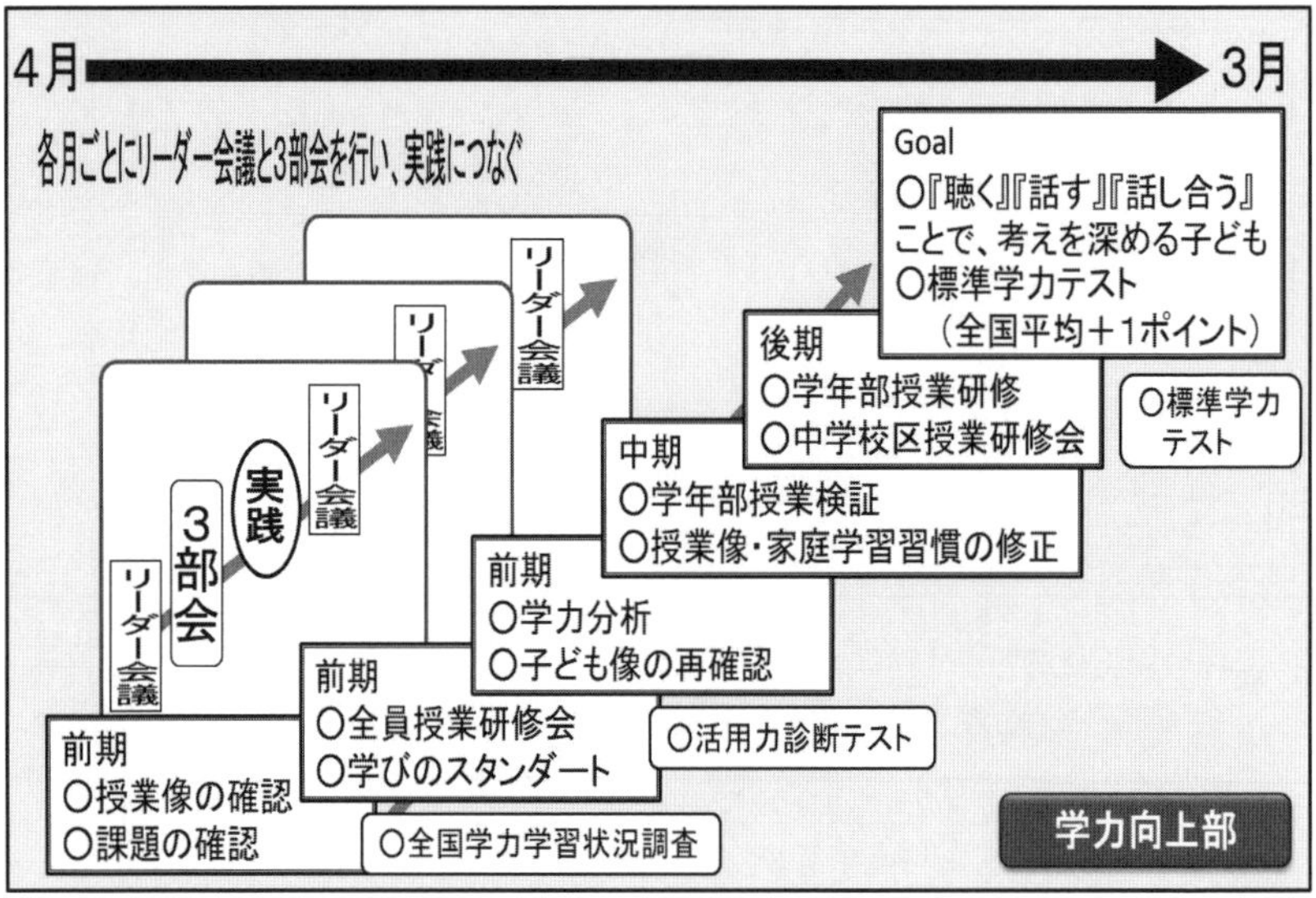

務者となり、具体的な取組を企画運営している（資料２、３）。

各部のリーダーには、経験年数が五～十年目の教員をあて、学校経営要綱に則した教育活動の具体化を図っている。リーダーは各部において年間の計画を立て（資料４）、Ｐ・Ｄ・Ｃ・Ａサイクルの中で中心になって取組を進めていく。リーダーは、三部会での意見をまとめて教職員に提案を行う。

これらの組織体系で進めていく具体的な活動においては、全校朝会や始業式・終業式等の中で、直接子どもたちに、よいところや、頑張っていくべきことを伝えていくこともある。その際は伝えるべき趣旨をリーダーが伝え、役割分担を細分化していく。例えば、学力向上部からは学び方の全校での共有、心力向上部からの挨拶運動や児童運営委員会からの「ふわふわ行動宣言（温かい言葉や行動で学校を一杯にする活動）」の実施、体力向上部からの「もくもくそうじ（黙って行う清掃活動）」や「体力アップ運動」の実施などがあげられる。

三部会を通した校務分掌をしっかりと遂行するために

は、経営構想と経営課題の把握、そしてその評価が不可欠である。この一連の流れを進めていき、リーダーが校務分掌の仕事を完遂しながら学校経営構想の意味を再認識し、学校運営に参画する実感をもつことでミドルリーダーとしての自覚が芽生えている。管理職は、自己評価面談の中でその変容を価値付け、活動の自己分析を促しながら、次のステップへと向かえるようにしている。

この一連の取組の中で、次のような力量が育成できた。

○主幹教諭の企画・調整力　指導・助言力

○事務主幹の学校事務を通した教育条件を整備する力

○各リーダーの企画・調整力

○各リーダーの学校組織運営への参画意識

※リーダー会議の中で確認したことを、各リーダーが各担当に提案、指導・助言しながら具体的な方策を創りあげていく（重点の具現化）

○三部会による教職員の協働体制の確立

2　メンタリングを中心とした校内研修

教職員の若年化が進む中で、学級間による指導の差が生まれていくことも課題の一つである。「自分の伸びを最も実感するのはどのようなときか」職員室での声を拾ってみた。そこで返ってきたのは次のような声だった。

○同学年の先生と交換授業をして、子どもの姿に気付いたとき

○同学年の先生から言われた言葉によって、子どもの思いや考えを聴けるようになったとき

つまり若年教職員にとって、自分の伸びを実感するには、同学年の存在がとても大きいということである。そこで四者会、研修部と打ち合わせながら同学年研修会や、少人数でのメンタリングを中心とした研修体制を組んだ。

(1)　同学年研修会による研修

まず年度のはじめは、同学年での研修を中心とした。これまで同学年での話し合いは連絡・事務的なことの打合せが多かったが、そのような「同学年会」だけでなく、授業のことや生徒指導に向けた手だてのことを研修として話し合う「同学年研修会」にまで高めたいと考えた（資料5）。日程は、通常の同学年会と研修日を合わせ、週三回を同学年研修会として設定し、同学年で話し合う時間を多くした。同学年研修会の設定は、主幹教諭と研

修部が中心となって行うようにし、各学年主任の独創性が表れる研修になるよう促した。研修部からの要請を受け、同学年研修会には管理職も研修講師として積極的に関わった。資料６は同学年研修会において各学年が管理職から受けてみたい研修内容を選択できるようにしたものである。学年主任は、各学年の児童や教職員の実態をもとに、週間、月間のスパンで同学年研修会の内容を企画し運営している（資料７）。

(2)　メンタリングによる研修

　メンタリングは、一対一の指導助言活動で、スキルが

資料５　「同学年会」と「同学年研修会」の違い

《同学年会》	《同学年研修会》
○ 次週の時間割打合わせ ○ 学年行事に関する打合わせ ○ 学校行事に関する打合わせ ○ 連絡事項の伝達 ○ 役割分担　など	○ 空授業《あきじゅぎょう》 ○ 新しい単元の具体的な進め方について話し合う ○ 生徒指導の手だてを話し合う ○ 学年掲示板作成　など
連絡・事務的なこと	授業・子どものこと

資料６　「同学年研修会」への管理職の関わり

校長先生	教頭先生	先　生
①学期末漢字50問テスト学級平均90点突破 ②漢字赤ねこスキルテスト学級全員満点達成 ③5年「割合」テスト平均90点突破（「倍概念」の指導について） ④算数科学習における基本的な授業の進め方 ⑤学級通信発行の積み上げ ⑥同学年チームのまとめ方についての実践発表	⑦社会科　シンプルで効果的な指導法 ⑧ノート上達法 ⑨通常学級でのADHDなどの特性のある子への対応法 ⑩交流活動の仕組み方 ⑪地図帳おもしろ活用法	⑫トラブルが起きたときの保護者への電話対応 ⑬音読指導いろいろ ⑭整った漢字を書くコツ ⑮合唱指導 ⑯読みやすい文章の書き方（所見等） ⑰国語科の単元計画相談会

東小指導力アップ講座
＝同学年研修会に伺います＝

資料７　職員室背景黒板と研修の様子

豊富な教職員（指導者メンター）と、スキルが少ない教職員（被指導者メンティ）とをペアにして、双方が合意の上で、スキルの少ない教職員の成長と具体的能力の獲得、また指導者の指導能力の向上を目指すものである。資料8は、これまでの研修との違いを一覧にまとめたものである。

資料8　過年度の主題研修と
メンタリング研修の違い

一般的な主題研修	⇔	OJTの主題研修（メンタリング）
研修部の提案	研修の始め方	メンティの要請から
学校全体	課題	個人
あり	指導案	課題選択シート
○	指導案作成力	△
1回	授業の回数	何回でも
全職員で（学年部で）	授業整理会	ペアで
△（個人差あり）	主体性	○
△	日常化	○
○	専門性	△

　研修の具体的な進め方としては、若年者からのペア要請をして、授業の打合せを行った後に実際の授業を実施した上で、振り返りをする。メンティは自身の課題意識のもとで研修に主体的に関わり、メンターがコーチングを基本にしながら研修を進める。通常の指導案を作成していくのではなく、課題選択シート（授業を通して明らかにしていきたい課題を明確にしたもの）をもとに、メンタリングシート（授業の記録や指導・振り返りを記録したもの）を作成していきながら、個人の力量を伸ばしていく。この一連の指導の中で、若年教職員は、自分の指導についての気付きが整理され、承認されるので自己肯定感も生まれ、次への行動につながっていく。

　この研修は、まだ始めたばかりであるが、先行実践をもとにしながら教職員の主体的な関わりによる研修を創り上げていきたい。

四　おわりに

　資料9は、教頭が教職員に向けて発行した「教頭だより」の一部である。前述した校務運営計画に基づき、重点目標に基づく各指標が、児童の意識でどれだけ具体化できているかを中間評価として価値付けたものである。教職員は、この資料を見ながら現状を振り返るとともに、短期・中期目標を修正していった。

校務分掌の中で、それぞれのポジションにおいて現状を理解・把握しながら，その都度、経営構想を振り返っていくことはとても大切である。経営方針を浸透させ、仕事を任せ、価値付けていきながら学校が変わっていくことを実感できるよう務めたい。教職員が力量を付けることで、学校が子どもにとって楽しく、自己実現を果たせる場になるような学校づくりに励んでいきたい。

資料9　教頭による中間評価

令和2年　8月20日（木）　　No.7

志免東小　教頭だより

教　頭

第2ステージを迎えるにあたり

第2ステージのスタートにあたり、再度、本年度の目標及び、現状と課題について確認を行いたいと思います。下に7月に行った児童アンケートと昨年度の全国学テの質問紙での比較をのせています。

3　重点目標達成のための具体的方策

（1）経営の基本方針

ア）　安心・安全な学校づくり

質問　学校に行くのは楽しいと思いますか。（期待登校）

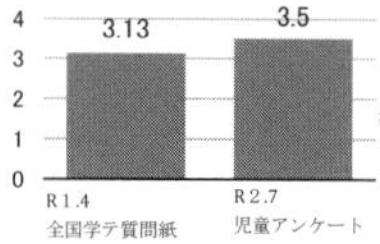

コロナウィルスの影響下ではありましたが、重要なキーワードである「期待登校」での数値が上がっていることは、先生方の指導にあり方において極めて大きな成果です。

イ）　新学習指導要領の学習内容の確実な定着・活用を図る教育活動の推進

読書は好きですか。

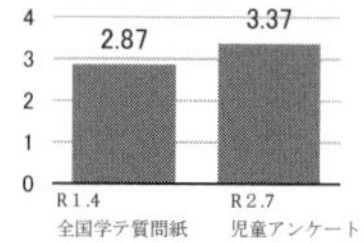

本県及び本町においても、「読書の習慣化」は重要な取組になっています。

今回は図書室での読書活動の充実があったのではないかと思います。各学年に応じた読書の仕方が身につくよう、さらにご指導をお願いいたします。

ウ）　自己存在感・自己有用感をもたせる教育活動の推進

先生は，あなたのよいところを認めてくれていると思いますか。

先生方の努力の結果が数値の上にもよくあらわれています。本年度、本校のスローガンである「認める・ほめる」が浸透しつつあると感じます。また県の施策での「鍛ほめ福岡メソッド」では「鍛える」→「のばす」→「ほめる」のプロセスにより，子どもたちを成長させることが大きな取り組みとして掲げられています。今後も「認める・ほめる」指導を継続してお願いいたします。

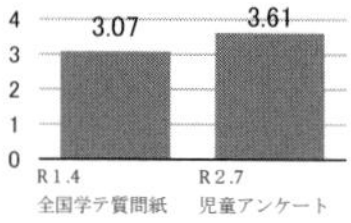

あとがき

この教育研究シリーズ第五十九集は、令和三年五月に刊行となりました。つまり、書かれている内容のほとんどは令和二年度の実践に基づくものです。令和二年度は、新型コロナウイルス感染症拡大防止のために緊急事態宣言が出され、多くの小学校が臨時休業しているという非常事態の中で始まりました。再開後は、全ての小学校が感染予防を徹底しながら、全面実施となった新学習指導要領に基づき創意工夫しながら教育活動を進めました。第五十九集には、学校が、こうした未曾有のピンチをいかにして乗り超えたか、さらにはどのようにしてチャンスに変えたかという実践や、そのための提言を数多く掲載しています。

序論・序章では、主題「自ら未来を拓き［ともに生きる力］を育む学校経営」の基本的な考え方を述べています。多様な人々と協働しながら、様々な社会変化を乗り越えていく「ともに生きる力」の理念を具体化するために、これからの小学校教育の方向性を踏まえ、主題に関わる提言を載せています。

第一章では、平成三十年六月に閣議決定した「第三期教育振興基本計画」で示された五つの基本計画を踏まえて、その目標達成のための学校経営の理念を提言し、先進的な実践事例を掲載しています。

第二章では、新学習指導要領に基づき、道徳教育、外国語活動、プログラミング教育など新たに盛り込まれた内容や、更に改善・充実を図らなくてはならない教育課題、加えて東京オリンピック・パラリンピックに向けての実践事例も掲載しています。学校や地域の特色を生かした事例が満載です。

第三章では、教職員の意識改革や働き方改革など、学校経営上の様々な諸問題に、果敢に挑むための学校経営の理念や今後の方向性についての提言と先進的な事例を紹介しています。

本研究シリーズは、半世紀を越える歴史を誇ります。学校経営の指針を示す書として毎年刊行され、都道府県を代表する校長先生方の先進的な学校経営の理念とその実践を全国の校長に発信し、我が国の小学校教育の発展に貢献するという使命を果たしてきました。コロナ禍の下、新学習指導要領が全面実施された翌年に刊行されたこの第五十九集には、今日的な教育課題、時代や社会の要請、法令等の改正をはじめとする諸制度の改善・充実を踏まえ、新たな時代に向けた貴重な提言と具体的な実践を通した多彩な論文を掲載することができました。いずれの論文も、社会・地域・児童・保護者等の実態に即応した校長先生の明確なビジョンと強力なリーダーシップに裏打ちされています。

この各都道府県の小学校長会から推薦された校長先生方の先駆的な学校経営や実践に関する論文をどう受け止め、どのように学校経営に生かしていくかは、全国の会員の皆様に拠ります。本書が貴校の教育の一層の充実と発展につながる一冊となることを心から願っております。

結びに、玉稿をお寄せいただいた校長先生方をはじめ、各都道府県小学校長会長及び広報担当者、本書の編纂に関わられた多くの皆様に改めて感謝申し上げます。

令和三年四月

全国連合小学校長会広報部長　平川惣一

同　シリーズ等編集委員長　加納一好

教育研究シリーズ第59集　編者承認検印省略

自ら未来を拓き「ともに生きる力」を育む学校経営Ⅱ

編　者　全国連合小学校長会
代　表　喜名朝博
発行者　大平　聡
発行所　株式会社　第一公報社
東京都文京区小石川四ノ四ノ一七
振替　〇〇一九〇―一―一二五五六九
電話　（〇三）六八〇一―五一一八
FAX　（〇三）六八〇一―五一一九
印刷製本　大村印刷株式会社

令和三年五月十九日　第一刷

ISBN978-4-88484-159-1